2023年最新法規**增訂版**

許代書**教你**

連房仲都說讚！

從**買賣**到**繼承**的
房地產大小事

80%的人都不知道的，
不吃虧、不受騙的**房地產眉眉角角**

前言

大家好，我是許代書。代書，現在叫地政士，更早以前稱做土地登記專業代理人，簡單來說就是不動產的專業人士。有關不動產登記的相關事項，都是我的業務範圍，而更多時候不關土地登記的事情，客戶也都喜歡問我們，跟我們諮詢一些簡易的法律問題，因為大家都知道問律師要錢嘛……。所以，也算是看盡了人情冷暖、世間百態，在職場走跳歷練了一段時日後，想把自身所見所聞，處理過或是耳聞過的案件與大家一同分享。

這本書的內容不會有非常艱深的案例分析或法條研究，更多的是實務經驗跟流程說明，並著重在交易安全的部分。最主要是希望對不動產業界有興趣的一般大眾都能夠輕鬆理解這領域的眉角，畢竟每個人都希望能買房成家或是靠不動產致富，如果能藉由本書輕鬆學習相關知識，不求成為達人等級，但至少可以保護自己，避免吃虧上當，那麼也算是我身為專業人士所盡的一點社會責任。

代書是一種很特別的行業，以不動產買賣案件為例，代書同時代理買賣雙方進行過戶移轉流程，我們是買方的代理人，同時也是賣方的代理人，為民法規定禁止雙方代理的例外情形。代書在處理案件的時候，必須站在中立的立場，不能偏袒買方或賣方，必須就事論事，不偏不倚，以利流程的進行。所以，代書永遠都是處於案件的中心點，所有買賣雙方大大小小的事情我們都必須摻一腳，都必須即時掌握訊息。代書就像大海一樣，將四面八方匯聚而來的資訊消化吸收，擷取並過濾、彙整後向買賣雙方、甚至是仲介業務員回報，這其中有很多買方不想讓賣方知道的事，或是賣方不想讓買方知道的事，乃至於仲介不想讓買賣雙方知道的事，代書通通都知道！這是身為代書最大的樂趣，也是最迷人、更是最危險的地方。因此，我常常打一個比喻，當案件發生問題的時候，我都好像身處在暴風圈的中心，位於颱風眼的位置，其實我是很安全的，但如果代書不能恪遵職業道德，謹守專業本份，只要稍微踏出那條警戒線，馬上就會被暴風捲得粉身碎骨、遍體鱗傷。曾經，我在上地政士複訓課程的時候，台上的講師問：「在座的各位代書們，有被告過的請舉手……」，現場同業幾乎八成都有過被告出庭的經驗。人家說沒被電過的不叫水電師傅，我們說沒收過出庭通知的代書，你的出庭通知只是還在路上而已～。

被告大家都有機會，重點是你要怎麼在驚濤駭浪中堅定你的船舵，也許風雨之中你已看不到前方的燈塔，但身為專業人士的職業道德，必會在你心中發熱、發光，照耀你的航線，共勉之。

而不動產相關法令規定，常常因為時空背景的關係會有所修改，因此本書於二〇二三年改版，將近年有關不動產修法部分予以更新，讓本書內容符合最新法令規定，更貼合有志學習不動產相關知識的普羅大眾，希望這本書能為你們打開通往房地產專業知識的大門，期許每位讀者都能透過這本書簡單且輕鬆帶走我修練多年的內功心法，期望每位讀者都能在閱讀後，具備一定的不動產相關知識，並找到屬於自己的一片天空～。

目錄

第六章　貸款心得分享

第七章　怎樣送房給子女才划算？

第八章　不動產相關稅金介紹

第九章　共有不動產如何解套？

第十章　如何增加權狀坪數？

第十一章　房地產老師都在教什麼？借名登記如何保障雙方權益？

第十二章　親人過世了，如何辦理繼承？該注意什麼？

Buying a House

第一章
買房前該做什麼功課？中古屋、新成屋或預售屋如何選擇？

丁丁是個人才，他是我當兵時同梯的弟兄。而每個當兵的男人在屆退時都會遇到同樣一個問題，那就是退伍後要做什麼？丁丁和我也不例外。那時候的我沒什麼想法，只是偶然間看到軍中月刊「奮鬥」後面永慶房屋的徵才廣告，當時是民國九〇年代，永慶房屋開出試用期九個月，保障底薪四萬元的條件徵募房仲業務人員，我問了問丁丁：「欸，反正你跟我也都沒什麼一技之長，兩袖清風、腦袋空空，不如先去永慶撈個三十六萬，日後如果有什麼打算，或是有更好的工作，再換也不遲。」後來，丁丁說他個性木訥、不擅言詞，不想做仲介業務，所以，我只好單飛不解散的隻身挑戰，開始我退伍後的第一份工作，也就是從這時候我邁開踏入不動產業界的第一步。

在剛進入永慶房屋時，正好遇到增值稅減半徵收的政策，很多長期持有的屋主都在這時期拿出來賣，而且因為稅金成本降低，所以，連帶的讓價空間也大，那時候房市買氣非常熱絡，成交量節節攀高，身為不動產第一線的業務人員感受特別強烈。身為丁丁同梯兼好友的我，也在這時候建議丁丁多少可以考慮一下買房自住或投資，我是為了丁丁好，絕對不是因為我是新人、缺業績。同樣身為社會新鮮人的丁丁，認為自身工作還未到一定程度，不敢貿然買房，於是決定暫時觀望一陣子。

後來，臺灣爆發嚴重急性呼吸道症候群，也就是所謂的SARS，一時房市瞬間急凍，進入了冰天雪地的冰河時期，在這個階段很多屋主想賣房都賣不掉，因為沒人敢出來看房子，價格一路下修慘跌谷底，幾乎突破了歷史新低，房地產界是一片哀嚎，哭天搶地。但股市名言：「行情總在希望中破滅，懷疑中成長，絕望中誕生」，「危機就是轉機」套用在房地產一樣適用，所以，身為丁丁同梯兼好友的我再一次勸進丁丁，現在正是大展鴻圖、一鳴驚人的時候了，現在進場正是時機，快出手吧！我真的是為丁丁好，絕對不是因為我房子賣不掉、缺業績。丁丁冷冷地回我：「SARS什麼時候結束都不知道，疫情這麼嚴重，命都快沒了，還買房幹嘛？」於是，丁丁決定再觀望一陣子。

SARS疫情結束後，房市處於野火燒不盡、春風吹又生的狀態，慢慢的有觸底反彈的跡象，再加上捷運路線開始漸漸完善，重要路段開始啟用，一些印象中蓋到海枯石爛、天荒地老的捷運也正式通車，台北市及新北市往來交通有了重大改變，房價也隨著捷運通車產生變化，越是靠近捷運站的越是有增值空間。做為第一線房仲業務瞭解都市計畫捷運站預定位置在哪裡也是很合乎邏輯的，身為丁丁同梯兼好友的我最後一次苦勸丁丁，房價一直漲，買捷運站附近短期可以賺差價，長期可以賺租金，進可攻、退可守，再不出手就沒機會了。我最後真的是為了丁丁好，絕不是因為我要離職了，打算撈最後一票。丁丁真的是人才，意志堅定、不為所動的回我說：「房價漲得太誇張，臺灣哪需要那麼多房子，你看著吧，不用多久房價一定會跌回來……。」

後來我離開了永慶房屋，漸漸地跟丁丁失去了聯絡，過了好幾年，有一次因緣際會地在臉書上看到丁丁的照片，我跟丁丁才又搭上了線。正所謂他鄉遇故知，人生一大樂事，我跟他約時間碰面，聊聊彼此的近況，三杯黃湯下肚後，他義憤填膺、忿忿不平的娓娓訴說關於他的故事。

「唉，其實剛出社會，你建議我買房的時候，我就有一點心動了，但我想時機還早，先存一點錢再說，後來遇到SARS，我嚇都嚇死了，社會氛圍人心惶惶，疫情什麼時候結束都不知道，哪還想得到買房呢！好不容易等到局勢穩定，撥雲見日，結果回過神來，房價已經一波波漲了起來。一堆房市專家又說政府要積極打房，房價一定會掉，叫我們不要衝動，相忍為國。」

「我辛苦工作、努力打拼這麼多年，看了許多電視節目，聽了許多房市名嘴的建議，苦苦等待，一心期盼，準備等房價泡沫化下殺歷史新低的時候，買間屬於自己的房子。可是我等來等去，等了大半輩子，頭髮花白、兩鬢蒼蒼，卻發現薪水調漲的幅度像爬樓梯，而房價飛升的速度像坐直升機，我心想再等下去，原本三房加車位的預算現在只能買二房了，越想我心越慌，越等我心越急，有一天我坐在客廳，老婆又來跟我碎念，說隔壁老王的兒子小王前幾天賣房賺了幾百萬，還有前面巷口那間二樓，之前成交八百萬，現在又拿出來賣，一開價就是九百八十萬，還有還有我們房東，他說明年想調漲租金⋯⋯。我的理智瞬間登出，我終於按耐不住了。我用力一掌拍在桌子上，桌面玻璃應聲碎裂，那掌痕是入木三分，隨後氣沉丹田、大喝一聲：『我忍不下去了，我要買房啦！』那氣吞天下之聲勢，堪比張飛鎮守長板橋，老婆在旁被我震得倒退三步，瞠目結舌，眼珠子都快掉了下來，我猛然起身邁出步伐，頭頂天罡北斗，腳踩八卦奇門，跨出家門前回頭囑咐我兒子：『備馬！』兒子戰戰兢兢、恭恭敬敬的雙手遞上摩托車鑰匙，大氣不敢喘一聲。家人眼中的我，神情恍若當年關羽溫酒斬華雄之神態，我瀟灑奪門而出，跨上野狼一二五，油門一踩，白煙嬝嬝揚長而去，一時氣概萬千，蕩氣迴腸啊～。」

丁丁說故事搞得像唱歌仔戲一樣，只差最後沒有潸然淚下、痛哭流涕而已，我回他：「我早就跟你說趕快買房，我一再強調，我不是想賺你的佣金，是真的為你好，你想想，如果那時你熊熊給他買下去，你的房子早就漲翻了，現在也不用那麼煩惱，你看看你這個傻子。後來呢？你連滾帶爬地策馬狂奔去了哪裡？」

丁丁眼神茫然，抬頭看著天花板說：「那又是另一個故事了⋯⋯。」

在臺灣因為傳統文化的影響，幾乎每個人都以買房為人生目標，五子登科成家立業，功成名就揚眉吐氣，都以你有沒有自己的房子為判斷基準，而且一般人買房最主要還是為了找尋一個歸屬感以及自我認同。偏偏以臺灣目前的情勢來說，買房並不容易，也因為買房不容易，事前的準備更顯重要。有沒有做好功課，直接關係到你辛苦攢下來的錢有沒有花在刀口上，甚至如果遇到有心人士想投機取巧詐騙錢財，很有可能一輩子的積蓄就此葬入火坑、付諸東流，不可不慎啊！

功課一：確定房子的大小、坪數

買房前要先做好功課及準備，我個人認為最先要確定要買多大的房子，這邊的建議是「最少」要有的大小，當然如果預算足夠，要直上攻頂，我是舉雙手贊成，樂觀其成。要買多大的房子最基本的判斷就是你的家庭人口數，如果是無牽無掛的一人飽全家飽的單身貴族，我建議最好還是要買可以隔成一間房間的套房，很多無隔間的開放式套房其實並沒有想像中的好利用，不管是要收納東西或日常生活使用上，有一間臥室跟全部開放式的比較起來還是有差別的。舉個例子：開放式套房不管是開門七件事─柴、米、油、鹽、醬、醋、茶，或是關門五件事─吃、喝、拉、撒、睡，所有的生活動作都在同一空間進行，如果房子本身通風不是那麼好的話，不出三個月，你的棉被、枕頭、床單、被套全部都會沾染一些奇奇怪怪的味道，那叫五味雜陳。而如果有隔成一個房間，至少可以將味道區分開來，就算是閨密、男朋友或閨密的男朋友想來家裡坐坐，也不至於太尷尬。如果是夫妻兩個人要買房，則至少要找有兩房以上的房子。多一個房間可以用來當老婆的更衣間，或是先生的收集品展示區，甚至是合併成更衣間加蒐藏展示間也可以。而且多一間房間，除了可以堆放東西之外，在夫妻吵架時也可以當作防空避難室，或是不小心弄出人命的時候，可以暫時當作育嬰室，等小朋友長大了，再改成小朋友的房間，進可攻、退可守，立於不敗之地。若是夫妻兩人再加上兩個小朋友，最好是有三房以上的房子，兩房是絕對不夠用的。光是一家人的衣服、生活用品，再加上小朋友的學習用具、才藝用品或玩具，相信我，兩房的空間一家四口會住得很委屈，彼此摩擦也會很多。至於三代同堂的大家庭，原則上我建議買兩間房打通，或直接找一層一戶，甚至是透天厝會比較夠用。

房子的大小除了看房間的數目外，最客觀的依據就是房子的坪數。房子的坪數要看權狀或謄本上面的記載，但是權狀或謄本上面記載的是平方公尺，要換算成俗稱的坪數，則是平方公尺要乘以〇．三〇二五。而且坪數除了看加總的坪數之外，最主要是要看室內面積，也就是主建物加附屬建物的坪數，主建物就是客廳、房間、廚房、廁所、浴室、走道等，附屬建物是指陽台、露臺、花台、雨遮、騎樓等，這些都算是室內面積，也就是你實際上住在房子裡面可使用的面積。有些建物會有公設，公設指的是大樓的公共設施，也就是同一社區大家共同使用的空間與設施，買賣房子公設坪數約占總坪數的比例就是所謂的公設比。要注意的是，很多人會誤會只有社區型的大樓才有公設，其實一般四層樓或五層樓蓋的公寓也有公設，也就是我們爬樓梯的樓梯間。只是早期公設沒有獨立計算，統一都是直接納入主建物的面積裡，在權狀及謄本上沒有記載說明，所以很容易讓大家誤以為公寓沒有公設，其實也是有的。在選擇房子大小的時候，務必要將公設踢除掉，計算實際的室內面積，才不會發生理想與現實有嚴重的落差。

功課二：衡量自身的收入以及自備款

在決定好房子的大小之後，再來就是要衡量自身的收入及自備款。一般來說，單就買房所需的自備款大約是買賣總價的兩成，但除了買賣總價之外，還會有其他的費用要一併加進預算裡面，例如買房所需繳納的稅金、規費、代書費以及仲介服務費等。如果想提升生活品質，還得加計裝潢費、家具與家電的費用，這些哩哩扣扣、雜七雜八的費用加總起來也是非常的可觀。以我的實務經驗來說，買方仲介服務費大約是成交價格一％到二％左右，稅金方面如果是舊公寓，相較於新大樓來說便宜很多，一般三十年公寓三房到四房，全部稅金大約不會超過三、四萬元，而新大樓光是契稅就很有可能要二十幾、三十萬元。規費最主要是看你的貸款金額，貸款金額越高，規費就越重，一般大約二萬到三萬元，而代書費大約二萬多到三萬多都算合理，如果土地或建物的筆數、棟數比較多，代書費就會比較貴。至於裝潢費用、家具、家電，這就取決於你是要順從內心的渴望，還是要臣服於現實的狀況，作者不便多嘴。只是裝潢的部分，我可以分享我自己的親身經驗給大家參考。民國一〇八年我買了現在住的房子，是一間屋齡大約二十多年的中古電梯大樓，屋況不是很好，需要整理。在跟設計師討論裝潢的時候發現，只要有錢就沒有問題，問題就是沒錢。因此，那時候設計師或身邊親朋好友會建議我說：不然就在預算之內挑幾個部分先處理，剩下的等將來存夠錢了、沒那麼吃緊的時候再做就可以了。我跟老婆商量過後，決定硬著頭皮去湊錢，就算暫時要吃土喝水過日子，我們也不想等以後再次動工裝潢。因為考量到如果等我們全家都搬進去了，所有的家具、家電就定位後才要再裝潢其他部分，一定會很麻煩，還不如趁現在整間房子空蕩蕩的時候，一次就全部處理到好。事後證明我跟我老婆當初的想法是對的，因為在買了房子確定裝潢費用後，整個人手腳有力，精神都來了，從此工作有了目標、生活有了夢想，跑業務跑得如有神助，如魚得水，簡直脫胎換骨。不時總會想著陳董這筆如果成交了，家庭劇院就有了，王總那件如果有收回來，真皮沙發跟席夢思床墊也到手了，如果運氣好，再加上劉老闆那一單，呵呵呵⋯⋯，我忍不住笑了出來。這個經驗提供給大家參考。

功課三：選定房子的區域、地段

買房前決定好房子的大小，以及算好總價要買多少錢的房子後，再來要決定想買的區域。有些人買房會想要買在父母居住地附近，以便能夠就近照顧；有些人要開店做生意，想買在自家店面附近，以便隨時看顧生意；有些人喜歡親近大自然呼吸新鮮空氣，會特意選擇山區或近郊區域。很多人聽過一種說法，**買房最重要的是地段，第二重要的也是地段，第三重要的還是地段**，所以地段很重要，要說三次。但那是指投資族群而言，如果是一般自住型的買家，我認為只要確認自己的需求就可以了，不用非得堅持買在黃金地段上，因為不是每個人都住得起黃金地段，而且傳說千金買房萬金買鄰，再怎麼黃金的地段也是有機會遇到惡鄰居。黃金地段大家搶，想買到便宜的機會也不多，就算真的買到了，也只是比較保值。一般自住型買家根本不會頻繁換屋，如果太執著於地段而忽略了其他考量，我認為反而會得不償失。所謂黃金地段，一般指的是商圈發展成熟、交通方便、鄰近捷運站等，雖然熱鬧且方便，但相對的價格也會比較貴。而且有些人注重隱私、喜歡安靜，反而不會喜歡黃金地段，最主要還是以自己喜歡的生活環境為優先考量。

功課四：中古屋、新成屋以及預售屋哪個好？

當房子大小、預算以及區域都確認好之後，就可以開始看房子、找房子了。市場上的房子由一般屋主委託仲介公司銷售的叫做中古屋，建設公司將房子蓋好後交由代銷公司銷售的叫新成屋，都還沒蓋就開始賣的叫預售屋。中古屋、新成屋以及預售屋的優缺點，我將一一列出，供大家做比較，並判斷哪一個比較適合自己。

• 中古屋：

以一般市場行情來說，中古屋普遍比新成屋及預售屋的售價要來得低，大多數的情況之下房價會比較便宜。尤其是舊公寓，因為屋齡老舊，屋況通常不是很好，新承買的買方勢必還要再準備一筆裝修費，屋主也知道，所以在談價的時候，議價空間會比較大，遇到缺錢急售或其他特殊狀況的話，撿到便宜的機會比新成屋或預售屋大得多。再加上前面提到早年蓋的舊公寓或華廈公設比都非常低，在預算一樣的前提之下，買中古屋可以買到坪數比較大或使用空間比較多的房子。尤其傳統一輩的老人家往往認為，花錢買公設又用不到，很浪費，中看不中用，相較之下，舊公寓一分錢一分空間。如果原屋主還有增建使用空間，簡直CP值爆表，說有多划算就有多划算，所以價格通常是選擇中古屋的第一因素。

再來，中古屋地點的選擇性往往也比新成屋多，房子這種東西是先蓋先贏，早期蓋的房子一定是先搶地段好的蓋，而且土地又不會憑空增加，後面建商要再蓋的時候，只能慢慢往外圍擴張，就算現在流行土地重劃，每個建商都在重劃區蓋房子，但一個完整生活圈的成形必須要經得起時間的考驗，與其期待不確定的未來，還不如就目前可以掌握的當下先行把握。

中古屋跟新成屋的持有成本也差很多，中古屋每年繳納的稅金比新成屋來得少，每年繳納的房屋稅是依房屋現值計算，而新成屋因為建材的關係，房屋造價都很高，房屋評定現值也跟著高，所以房屋稅很重。中古屋則是房屋現值逐年折舊，折到你買的時候也快沒得折了，所以相對便宜很多。地價稅的部分，因為舊公寓土地持分大，所以地價稅反而會比新成屋多一點，但如果仔細計算的話，會發現**舊公寓省下來的房屋稅會遠比多出來的地價稅多很多**，因為房屋稅以及地價稅每年都要繳納，長期下來也是一段不小的差距。而除了房屋稅及地價稅之外，新成屋幾乎都會有管理組織，就是所謂的管理委員會，有管委會就要繳保護費，也就是所謂的管理費。管理費通常都是依房屋坪數計算，每個月兩、三千元不等，這些都是房子的持有成本，一定要在事先考量進去。

• 新成屋：

新成屋最大的特色就是新！想像一下，當你工作一整天，被奧客蹂躪、被慣老闆糟蹋後，回到家，遠遠就可以看到閃爍著溫馨燈光的大樓外牆，推開大門，踩著高跟鞋喀啦咯啦地走在金碧輝煌、氣派的迎賓大廳上，左手邊健身房裡，身材壯碩的猛男不時地對著鏡子擠眉弄眼、搔首弄姿，右眼望去，皮膚嫩白、吹彈可破的小鮮肉正以自由式泳姿優雅地來回穿梭在泳池間，再往前走一點，準備學測的莘莘學子正伏案桌前埋頭苦讀，櫃台後俊俏的暖男管理員含情脈脈，輕聲地向您問候一聲：辛苦了，歡迎回家⋯，出了電梯進了家門，手裡拿著高腳杯，裡面斟著法國空運來臺的葡萄酒，輕啜一口，望著落地窗外霓虹閃爍、車水馬龍的百萬夜景，一切的煩惱憂愁、滿腹委屈瞬間全部拋到了九霄雲外，你在心裡默默告訴自己：一切都值得了～。

新成屋雖然售價比較高，但相對的，屋況部分也不用再花錢整理，基本上除了家具、家電之外，不用再額外花錢裝修，甚至有的建商運用買房送裝潢、家電的促銷手法，你就什麼都不用煩惱，一卡皮箱拎著就可以搬家入住。新成屋最強調的就是居住環境及生活品質，再加上有管理委員會負責管理社區，相對於舊公寓的居住人員水準參差不齊，新大樓管理完善，法規明確，就算真的遇到不好相處的惡鄰居，至少也有管委會可以分擔解憂，幫忙處理。再來，新大樓的建築材料及建造技術遠比早期時代來得優良。現在的建築法規規定，建商使用之砂石及鋼筋都必須做檢測，所以新成屋不再有以前所謂的海砂屋或輻射屋，鋼筋的耐震係數也都有一定的規範。總而言之，言而總之，會想買新成屋的朋友就是預算充足，追求居住安全、生活品質及優良環境等。

•預售屋：

預售屋簡單來說就是建商在房子蓋好之前就已經開始銷售，甚至在開始蓋之前就已經在銷售，建商跟消費者之間是一種權利的買賣，並沒有實體產品，等建商蓋好房子後，消費者才能確定自己到底買了什麼東西。預售屋的付款方式跟中古屋、還有新成屋比較起來，有非常大的差異。前面提到要買中古屋或新成屋，一般至少要準備兩成，甚至三成以上的自備款比較保險，所以，自備款動不動幾乎都要一百多、兩百萬起跳。但預售屋付款方式很特別，大概只要準備一成到一成半的自備款就可以買了，後續款項則是依工程進度付款，從預售到房子蓋好大約間隔二到三年，也就是說消費者在這期間都還可以慢慢準備及籌措資金。預售屋從銷售到完工的這段時間，價格可能會有波動，因為建商會視市場買氣及銷售狀況隨時調整，普遍來說，如果在預售初期就先卡位的話，在越接近完工的時候，越有機會獲利了結。但是市場也有很多不肖老師，甚至是地產名嘴會大力推薦某些建案，並親自帶學員前往代銷中心團購，說好聽一點是一次大量購買可以談到好價錢，將來可穩賺不賠，私底下卻向建商收取回扣，或是學員買的根本就是老師自己倒貨給學員的。我甚至聽過代銷朋友跟我說，有些老師帶學員到銷售中心團購，為了取信學員展現決心，老師自己當下也訂了兩間，學員因此失去理智加碼跟進，一時之間比搶醫療口罩還瘋狂，殊不知隔天老師就過來取消合約退訂了⋯。預售屋因為還沒有成品，所以買預售屋就要非常小心，絕對不要被美輪美奐的想像或是現場慷慨激昂的氣氛給牽動了，一定要眼觀鼻、鼻觀心，心如止水的確定各方面細節後再出手。另外，預售屋還有一個優點，因為房子都還沒蓋就買了，所以，可以在建商施工期間跟建商討論或要求格局、建材、裝潢等，甚至在施工期間親自監工確認施工品質，這對有強烈掌控慾及強迫症的消費者來說，非常有利。

綜合上述做個總結，中古屋價格便宜、選擇性多，使用空間大，生活機能方便，房屋持有成本低，若祖上積德的話，說不定還有機會參與都更，但相對來說，可能生活環境比較髒亂，公寓倒垃圾還得追著垃圾車跑，好不容易存夠錢買房，還得燒香拜佛，祈求上天不要遇到惡鄰居。新成屋生活品質優良，住戶水準相對高，公共設施齊全，管理完善，屋齡新，結構安全，耐用年限長，可是相對房價高，地點選擇性不多，房屋持有成本高，稅金及管理費壓力大，而且以目前新成屋公設比最少三十％以上來說，一千五百萬三十坪左右的房子當中的四百五十萬是用來買公共空間與設施，室內坪數約剩下二十一坪，虛坪比例非常重。而預售屋就像一個虛無飄渺的存在，未來好像什麼都有，但目前卻又什麼都沒有，入手門檻低，相對的未來不確定性大，施工過程彈性高，可以積極參與意見，不過完工時不一定會是你想像中的樣子，銷售時的承諾也不一定是交屋時的保證。如果真的很想在未來擁有一間房子，但目前手頭又沒那麼多的自備款，預售屋可以說是你唯一的救贖，前提是如果建商沒有倒閉的話。

表：中古屋、新成屋及預售屋比較表

	中古屋	新成屋	預售屋
房價	低	高	中
屋齡	老舊	新穎	新穎
自備款	高	高	低
公設比	低	高	高
稅金	低	高	高
環境	髒亂	乾淨	乾淨

資料來源：作者提供

Buying a House

第二章 仲介在想什麼？斡旋、要約傻傻分不清楚

大家還記得強者，我的朋友丁丁嗎？某一天，夜黑風高，明月高掛，他一臉失魂落魄、飽受驚嚇的來找我，我倒了酒，在酒精的催促下他又開始訴說他的故事。

「當我起心動念，終於下定決心買房時，我就去仲介店家逛逛，第一家仲介問我想找什麼樣的房子，我說：『越大越好、屋齡越新越好、越靠近捷運越好、價格越便宜越好。』然後仲介就把我趕了出去。去第二家仲介時，我學乖了，仲介問我想找什麼樣的房子，我說：『你先介紹介紹你有什麼樣的房子。』仲介愣了愣地回說：『我們房子有很多，你要跟我說你想找什麼樣的房子，我才能挑選適合您的房子。』我就回說：『那不就這樣吧，把你們的招牌房子拿出來介紹一下，我看適不適合我，我再做決定。』然後我又被趕了出來。

我痛定思痛，回家閉門造車，案牘勞形，第三次挑戰，仲介終於願意帶我去看房子，看了許多間，好不容易找到一間適合我的，仲介叫我付斡旋金讓他去跟屋主談，我說價格都還沒談好，為什麼要先付錢？這錢是付給你、還是付給屋主？仲介又說那不然寫個要約書，我一聽更生氣，我活到現在只聽過情書、家書或休書，哪有什麼邀約書？我買個房子還要邀約屋主遊山玩水、共度春宵嗎？！氣死我也…唉，然後我又被仲介趕了出來。」

丁丁低頭啜泣、暗自神傷，我一邊拍著他的肩膀，一邊思索著，這傢伙當兵的時候只是傻了點，怎麼出了社會崩成這樣呢？這杯喝完，下次沒事還是少連絡吧…！

在下定決心買房，並確認好自己的需求之後，如果想買中古屋，便要正式踏出家門，實地參訪仲介店家，與仲介業務人員打交道。有些新成屋的餘屋，建商也會委託仲介公司銷售，但是預售屋的買賣，在一般房屋仲介店裡幾乎看不到，想買預售屋的朋友不要跑錯地方，請直接前往建案銷售中心。

如何與仲介打交道

很多人對於仲介會有些既定印象，比如說：很愛問東問西、探人隱私、愛做狀況、心機很重，或是不能跟仲介說喜歡這間房子，因為如果他知道你很喜歡，但你來沒下定的話，仲介通常不會放你走，甚至如果仲介要你留下資料，千萬不要留真的，因為仲介會一直打電話給你，直到天荒地老或是你換門號……，到底是有沒有這麼誇張。我要為仲介說句話，其實仲介業務不會咬人，也沒有那麼可怕，只是因為不動產交易金額龐大，成交金額換算成業務獎金後，數額非常可觀，有些業務人員企圖心比較強烈，或是得失心比較重，再加上生活壓力大，難免在拿捏與進退之間失了分寸。除了某些真的是詐騙集團、阿貓阿狗混充的，我相信市場上絕大多數的仲介業務人員都是善解人意，誠心為客戶服務的。而且仲介服務費也不是漫天開價，依不動產經紀業管理條例規定：不動產經紀業或經紀人員、經營仲介業務者，其向買賣之一方或雙方收取報酬之總額合計不得超過該不動產實際成交價金六％。依市場實務來說，買方支付二％，屋主支付四％，但法規沒有硬性規定，只要總額不超過六％，都是合理合法的，所以請不要對仲介抱有太多的偏見。

我剛出社會的時候，也在永慶房屋直營店當過仲介業務兩年多，成為代書後，主要案件來源也是仲介成交、簽約後，請我辦理後續流程，我就以自身經驗和心得與大家分享仲介到底在想什麼，以及如何與仲介打交道。

當你好不容易提起勇氣走進仲介店家，或是站在店家外面觀看櫥窗張貼的物件廣告時，通常仲介業務人員會遞名片跟你自我介紹及推薦物件，然後仲介會進一步詢問你的需求，就像前面說的：你想買多大的房子、預算及區域等，然後這時仲介人員會根據你的衣著及談吐來初步判斷你是同行派來亂的，還是真心要來找房的。因為中古屋買賣物件有其特殊性，有一些搶手的社區或是地段很少人會拿出來賣，如果市場上剛好有物件，那是奇貨可居，所以開發方的仲介業務就會比較保護該物件，避免被同行切線成交。所謂的切線成交，是說該物件本來只有一家仲介獨賣，但其他仲介透過某些方式找到屋主，並帶著買方跳過原本屋主委託的仲介，私下與屋主達成買賣協議並成交簽約。

確認需求，其實不管對買方或對仲介而言，都是必要而且有利的，因為可以避免浪費大家的時間。明明是一對年輕男女朋友，穿著潮牌走嘻哈風格，仲介卻帶去看三房，甚至四房的物件，就算他喜歡也買不起啊，或是西裝革履、風生水起的成功實業家帶他去看套房或一房，除非他想金屋藏嬌、包二奶，正常的情況下，這些都是浪費時間。在沒搞清楚狀況跟需求的情形之下，很容易造成彼此的困擾，對仲介而言更是如此。因為你是用下班時間、閒暇之餘去看屋，仲介帶你去看屋用的卻是他的時間成本，是拿生命在跟你搏的，一樣都是浪費時間，但對仲介而言意義卻大不相同。所以，要跟仲介打好交道，第一個就是要跟仲介確認你的需求，仲介通常都想在最短的時間內完成一筆買賣，所以當你需求越明確，仲介越可以在第一時間挑選適合你的物件，仲介也會認為你是個誠意的買方，會比較願意推薦搶手案子給你。我做仲介的時候，最討厭的就是問什麼都不說，找什麼房子也不講，推薦物件給他也只會點點頭，一臉不在意的回說：再看看…。我得用畢生修為才能壓得住我的怒火，如果真的只是看看而已就算了，重點是還會問東問西，問你這個案件的詳細地址、那個物件有幾家在賣、屋主姓什名誰等，這種客戶基本上我是直接放生，不然我怕我會忍不住揍他。

電視影劇裡有句話說：健人就是腳勤！在不動產業界裡一樣適用，想跟仲介維持健康、良好的關係，腳步就要勤快一點。仲介確認需求後，會挑選物件介紹給你，並帶你去看房，不動產買賣畢竟跟菜市場買菜大不相同，很少有人會說買就買而看都不看，大部分還是會去現場看看實際屋況以及周遭環境，所以就算現在很流行線上賞屋，仲介也是會希望能親自帶你去現場看屋，一來他可以確定你買房的真正意願，二來在看屋的過程中他可以觀察你的言行舉止。厲害的仲介業務甚至會從客戶開什麼車、手上戴什麼錶、太太背什麼包，或是談吐之間的儀態等一些細節來判斷客戶的實力，也就是財力，雖然這不是絕對，但多少有一些參考價值，高手之間的過招通常從第一次看屋開局。

如果買方跟仲介剛接觸不久，仲介這時候會在心裡默默打分數，評估眼前這位買方到底是真要買，還是假要買、買方會不會注重風水問題、關鍵的決定權是先生或是太太，還是幕後的藏鏡人、這買方有沒有繼續經營的可能、同事強推的案件要不要介紹、後續該不該把壓箱寶拿出來等，仲介業務這時候思緒是波濤洶湧，猶如茶壺裡的風暴。相對於內心戲豐富的仲介業務，買方其實不用想太多，這間房子看了喜不喜歡老實說就好，就算真的還沒打算買，只是先看屋增加經驗值，我認為仲介業務也都可以接受，因為買房真的不是一天兩天的事情，你知道我知道獨眼龍也知道，更何況是仲介，實話實說可以減少大家互相猜測對方想法的時間。

看屋時要看些什麼？

另外，這邊可以提供幾個看屋的重點給大家參考，原則上我**看屋會先比較著重在「沒辦法改變的部分」**，像是周遭環境、生活機能、棟與棟之間的距離、樓層、梁柱位置、鄰居水準，或是老人家會比較在意的風水問題。**再來是「改變需要花很大功夫的部分」**，例如：格局、裝潢、重大屋況問題、有無漏水、壁癌以及採光這一些，剩下的只要看得順眼、過得去就好，因為畢竟是中古屋的買賣標的物，並不是客製化的產品，大部分的時候很難找到一間十全十美完全符合你心中樣式的房屋，我認為大多數的情況之下都要做個取捨。而且就算有完美的房子，我相信價格也會讓你覺得瞠目結舌、匪夷所思，甚至有些物件輪不到你來看就賣掉了。所以，如果真的有看中意的，其實不用太糾結於你只看了幾間而已，也許很多親朋好友、眾家兄弟姊妹都勸你多看多比較，尤其是爸爸媽媽，就算你已經看了上百家物件，都已經比仲介還熟悉商圈，老人家還是會嘆口氣、語重心長的勸你多看多比較，以免被騙。這是一般人基於保護自己人的立場下正常的反應，但重點還是要以你的想法為主，房子是你要住的，房貸是你要背的，總該自己做決定，嘗試當個大人的感覺吧！

但也有些仲介業務會將買方帶去參觀已經有人出價的物件，用意是想教育買方，倘若該物件順利賣掉了，仲介就會一副千萬中獎發票前面所有號碼都對最後一個錯了的表情跟你說：你看看、你看看，你喜歡的物件如果不趕快下定決心，一下子就會賣掉了，手腳不快一點，你永遠也買不到喜歡的案子。或是帶你去看頂級豪宅，再跟你說你的要求的這間房子全部都有，但那個價格你就算兩個腎都賣掉也買不起，逼你認清自己的口袋，面對現實的打擊。

仲介業務銷售手法千變萬化、層出不窮，有時候裡應外合，有時候分進合擊，比女大十八變還厲害，但其實也不用太深究業務說的是真、是假，以不變應萬變，心中那把尺不被動搖才是最重要的。舉例來說，一般人買房都怕買貴，但明明房價在網路都可以查詢實價登錄，不用抓最高，也不用取最低，算一下中間值就可以判斷你喜歡的物件有沒有那個行情，再配合該標的物需要多少錢裝修，要出多少價格去跟屋主談不就心裡有個底了。所以老話一句，看喜歡的就出價讓哥或姊去談，談不成就再看下一間就好。

如果已經跟仲介看了幾次房子，彼此之間算是熟識的話，有些仲介業務甚至會詢問買方是否有跟其他房仲看過房子，如果有，而且已經有看喜歡的物件，仲介業務會自我推薦可以幫忙開發屋主，將案件簽回來賣，並幫你談價，這時候基於江湖道義、人道考量來說，買方應該義正嚴詞的跟這位仲介曉以大義，拒絕請他去商談。因為該物件原本就不是這個仲介在賣的，他是因為買方的關係才曉得有這物件的存在，買方應該回頭找當初帶看的仲介付斡旋或寫要約去談價，才不會讓當初介紹該物件的仲介覺得真心換絕情。但如果你真的跟這個業務比較熟，鐵了心就是要跟他買，這樣的方式也沒什麼不行，只是一定要跟仲介確認，屋主是一般委託還是專任委託，如果是一般委託那就沒什麼關係，如果是專任委託，那最好等委託期間過了，再請熟識的仲介去跟屋主洽談，以免弄巧成拙，惹得一身麻煩。

什麼是一般委託？什麼又是專任委託？

一般委託的意思是說，屋主將標的物委託仲介銷售處理，並不限於特定一家仲介才能賣，只要是有取得屋主同意的，都可以銷售該標的物，包括屋主自己本身也可以銷售。專任委託是說，屋主跟某間仲介簽了專任委託銷售契約，在委託期間內就只能交由該間仲介銷售，如果屋主又給其他仲介賣，或是在其他仲介成交簽定買賣契約，會有違約問題，屋主要負賠償責任，包括屋主自己本身也不能銷售。很多人會說，那當然是簽一般委託啊，越多人賣成交機會不是越大？而且如果買方有很多組，彼此競標對屋主來說，不是可以賣一個最高價？可惜不動產買賣變數最大、最麻煩的始終是人性。實務上，一般委託最常見的反而是仲介之間彼此在扯後腿，以前面那例子來說，買方跟A仲介去看過房子，覺得還不錯，有意思想出價談看看，問了A仲介每個買方都會問，但也都知道不會有真正答案的問題：屋主底價多少？A仲介會回答每個買方都知道，但又想親耳聽仲介說出來的答案：開價就是底價，如果你真的喜歡的話，看你多少可以接受，出個價我去幫你談看看。然後過場，結束轉換場景到另一邊，B仲介帶同樣一組買方看屋，聊到買方之前看喜歡一間標的物，有詢問A仲介價格，並有意出價跟屋主談談。關鍵時刻來了，寶傑說：如果這時候B仲介衷心祝福你談價順利，並成功買到房子，沒有其他意思表示的話，這種仲介肯定是佛陀轉世的佛系業務，人間少有啊！許代書你怎麼看？！如果是一般委託，百分之九十九的仲介業務這時候會跟買方講：這間我們也有賣，我跟你這麼熟了，屋主底價多少我直接跟你講，不然這樣吧，我擔心你買貴了，我建議你先出比較低的價格，我幫你去跟屋主談看看，不行的話，視情況我們再慢慢加上去就好了。你看看、你看看，所以一般委託的屋主價格很難守得住的原因就在這邊，每個仲介為了讓買方在自己手上成交，幾乎都直接將屋主底牌掀光屁股露給人家看。一來爭取買方下斡旋或付要約，二來藉機教育買方，增加買方的信任感，讓買方覺得你真的很辛苦，很認真地在做事。三來還可以測試買方行情觀念以及實際財力，就算這間沒買成，下次再有看到喜歡的物件，要買方加價就容易多了，四來就算談不成，還可以磨磨屋主心態，順便將屋主價格議下來之後比較好賣…人性啊～。

而專任委託雖然比較不會發生上述問題，屋主底價多少，就只有一間仲介公司知道，相對的價格就比較守得住，不會發生買方四處詢問比價的問題。但專任委託就很依賴仲介公司的銷售能力，如果所託非人，很有可能委託期間短則三個月、長則半年，案件都沒人帶看，白白浪費時間空轉。當然，屋主如果開了個比天高的天價來賣，那則是另當別論。而不管是一般委託或是專任委託，對於仲介在銷售標的物的用心程度也會有影響；專任委託的仲介業務通常對於物件會比較用心，有的為了增加賣相，還會整理打掃、簡單地粉刷油漆，就連自己家裡水龍頭漏水都不管，看外面颳大風、下大雨，就跑去巡視委託物件的門窗，比照顧自己的豬窩、狗窩還勤快。一般委託的物件因為大家誰也不知道到底有多少人在賣，誰也不想把房子弄得漂漂亮亮的變成助攻王，幫別人成交，白忙一場。還有些比較沒水準的，帶看不脫鞋、門窗水電也不關，等屋主發現了再一推五四三，誰也不認帳。總而言之，一般委託跟專任委託各有好壞，找到一個可以信任的好業務才是最重要的。

該付斡旋金嗎？還是簽要約書好？

話說回來，仲介該介紹的物件也介紹了，買方該看的也看不少房子了，眾裡尋他千百度，驀然回首那房子就在燈火闌珊處，買方終於下定決心要出價跟屋主談，再一次強調，買房不是買菜，殺價喊得越大聲、氣勢越強就越有用，我們必須文明一點。買房要出價有兩種方式，一種叫要約，一種叫斡旋。兩者最大的差別就是斡旋有付錢，其稱之斡旋金，要約不用付錢，其謂之要約書。但不管要約或斡旋，本質上都是由買方確定一個價格，並與仲介公司簽訂一份合約書，請仲介公司依合約上的條件前往與屋主協商議價，搓合彼此，如果在合約期間內屋主同意以該條件出售，則買賣成立，買方及賣方都必須在期限內履行簽訂不動產買賣合約的義務。在屋主答應前，如果買方反悔不買，隨時可以撤回要約書或是要求拿回斡旋金，買賣雙方及仲介都沒有任何合約責任。但如果在要約或斡旋期間內屋主已經答應出售，買方卻反悔不買，或屋主答應後又反悔不賣，就必須要向對方負起違約責任。以斡旋來說，買方反悔不買，斡旋金必須被屋主沒收，屋主反悔不賣，斡旋金要加倍返還買方，而如果是要約，買方或賣方如有一方不履行簽立本約的義務時，應支付他方買賣總價款百分之三以下之損害賠償金。雖然要約跟斡旋的作用與效力都差不多，但在實務上，仲介一般會強力要求買方如果要談價的話最好要付斡旋金，理由是大部分的屋主都是見錢眼開，仲介業務拿著一疊白花花的鈔票去跟屋主議價，屋主會比較認真思考。如果仲介業務拿著要約書去找屋主，有的比較難搞的屋主還會質疑仲介要約書的真實性，會懷疑要約書是仲介業務為了砍低售價而生出來的。對買方來說，付不付斡旋金也是仲介考驗買方誠意的一種手段，如果斡旋期間屋主同意了，那麼斡旋金會視為定金的一部分，在簽約的時候從買賣總價中扣除，所以，如果買方願意付斡旋金，代表是真心要出價談，不是隨便喊喊的。斡旋金的金額沒有硬性規定，常見大約是新台幣五萬到十萬。

再來說說定金，在不動產買賣，一般是在簽約的時候由買方所支付的斡旋金轉成定金，或是買方於簽約當下現場交付定金。還有一種情況，正常來說，仲介會主導整個買賣談價流程，會想辦法在買賣雙方談價成功後立刻安排代書簽約，讓你沒有反悔的機會⋯，對不起，說得太快，是節省大家的時間，不用另外再約雙方碰面。但有時候買賣雙方可能因為相隔兩地隔空互談，或是因為其他原因，就算當下價格跟細節都談好了，也沒辦法馬上簽約，因此，會先請買方支付定金由屋主簽收，買賣合約依然是成立的，雙方再另外約時間換約，換成正式的買賣合約。要注意的是，民法裡都是寫「定金」，而有些人會寫「訂金」，網路流傳一種說法，說定金的定是有確定的作用，付了定金就不能反悔，但如果合約寫的是訂金，是指合約可以履行的情況下預先支付的款項。若是合約可以履行的話，那訂金是可以作為支付款使用的；要是因為各種原因無法履行合約，不管是哪一方的責任，支付方是可以向接受訂金方要回訂金的。注意、注意、注意！這種說法沒有法律根據，反而是如果合約發生糾紛，法院往往會依當事人的「真意」去做判斷，並不會太過於拘泥於文字而忽略當事人的真正意思。所以定金跟訂金都可以，重點是合約內容如何約定。這種似是而非的言論，因為網路發達的關係有日趨嚴重的情形，有時候遇到事情還是要尋求有專業背景及實務經驗的高手處理，才不會越弄越糟糕。我曾經遇過民眾問我有關土地增值稅重購退稅的問題，我跟他說依照土地增值稅重購退稅的規定，賣掉土地的前後兩年內，只要購買的土地其土地公告現值至少等於賣出的土地公告現值，當初賣出時所繳的土地增值稅就可以全部拿回來，他老大哥硬是不信，跟我說公司會計認為依規定買的土地現值一定要大於賣的才能申請退稅⋯，後來他有沒有退我不知道，但如果真的因為公司會計這麼說他就認為沒辦法退稅而不去申請，其實真的是他自己的損失，而且損失得非常重。

民法關於定金的敘述如下：

定金，除當事人另有訂定外，適用左列之規定：

一、契約履行時，定金應返還或作為給付之一部。

二、契約因可歸責於付定金當事人之事由，致不能履行時，定金不得請求返還。

三、契約因可歸責於受定金當事人之事由，致不能履行時，該當事人應加倍返還其所受之定金。

四、契約因不可歸責於雙方當事人之事由，致不能履行時，定金應返還之。

見面談大玩心理戰，撇步報乎你知

在買方好不容易終於三生有幸找到了理想的標的物時，不管付斡旋或要約書，大部分的仲介業務都會安排雙方進行見面談，高手之間的過招在買賣雙方見面談的時候來到了最高潮，場景再一次轉換到紫禁之城、華山之巔，此時場面劍拔弩張、氣氛詭譎，一時草木皆兵、風聲鶴唳，瞬間一支穿雲箭發出，現場殺聲四起、腥風血雨，霎時場面有如張無忌光明頂力戰六大門派，另一邊則是蕭峰聚賢莊獨挑群雄好漢，是刀光劍影、屍橫遍野、血流成河啊…喂！怎麼比剛才還誇張啊！

見面談最主要的用意是因為人家說見面三分情，有時候仲介業務在收了斡旋或要約後，找買賣雙方拉價或議價，通常客戶比較會不為所動，會認為仲介都在唬爛，或是仲介都偷藏一手價格，沒有老實說。所以，百般委屈的仲介只好請買賣雙方都出面，藉由買賣雙方親自碰面增進雙方感情，從而雙方都會比較認真考慮各退一步，這是見面談最主要的用意。

買賣雙方既然都願意出來見面談，那麼就要做好加價或降價的心理準備，俗話說：醜媳婦總是要見公婆的。不過，出來見面談也不用太過於緊張，因為大部分時間都是仲介在居中協調，直接面對屋主或買方的機會不多，畢竟事成之後仲介的服務費也是少不了的，談價幾乎也都是仲介在談，所以，就算一開始買方出的價格已經很接近底價，甚至打底了，仲介還是會約雙方出來象徵性地談一下，不會一下子就報成，以免買方覺得仲介太輕鬆，沒有努力什麼就成交，然後聯想自己是不是價格出太高，進而服務費給得不痛快，或是拿著關刀砍服務費都有可能，這也是仲介業務最害怕、最想避免的情形。

見面談的時候有很多的眉眉角角可以觀察，有時候可以解讀出一些訊息，打個比方：一開始跟你談的都是你接洽的第一線業務，如果買賣雙方都很上道，過程一切順利，那也沒什麼問題，恭喜你遇到不囉嗦的好屋主或好買方。但如果你發現跟你洽談的對象層級越來越高的時候，從一開始的業務、然後主管、再來店長、最後可能連老闆都出來了，那就是價格卡住的時候，這時候很有可能價格就差在那麼一點，如果比一〇一高的高層都出面了，雙方還是不為所動的話，這案件很可能告吹，大家拍拍屁股走人，白忙一場。但如果仲介已經跟你談到服務費了，那就幾乎已經底定了，只剩你跟仲介之間的問題要解決。可是，我必須要幫仲介說句公道話，一個案件的成交其中的辛苦不是一般人可以想像，從案件一開始接進來，要上架打廣告、要做產權調查、公司例會要跟同事介紹、要花錢請人派報、要花時間打電話約買方、也要花時間帶看買方、有時候還得提防同業之間的破壞、一切做好準備還得看運氣是不是站在你這邊，自己的買方很喜歡，結果卻被別人搶先一步買走了，或是好不容易殺出重圍接到優質物件，結果被同行先賣掉了，再怎麼捶胸頓足，業績就像變了心的女朋友，回不來了，這種情形在仲介業屢見不鮮啊！要成交一個案件，這其中的壓力與辛酸一般人真的很難體會，所以，要談服務費想省點錢，我覺得是人之常情，但也真的請體諒仲介業務的辛苦，要砍服務費請拿小刀就好，那把傳家大關刀就先收著吧⋯。

見面談還有一個可以觀察的小技巧，如果現場有一位穿著跟大家都不太一樣，很像仲介業務但好像又不是，看起來也不是主管可是很多人會詢問他意見，或在他旁邊交頭接耳、竊竊私語，這種人叫代書。見面談的時候見到代書也沒什麼大不了的，但如果你發現他本來無所事事在滑手機，或上FB看直播或YOUTUBE，突然間開始振筆疾書、行雲流水的不知道在寫些什麼，再加上代書旁邊又正好擺著之前業務跟你介紹的產權調查說明書，那八九不離十，案件應該也差不多成了，那是代書為了節省簽約時間，在做事先的準備，先把買賣合約書寫好，待會上陣就可以直接簽約了。既然代書都開始寫合約書了，…哼哼哼，什麼情況不用我再說明了吧。

嫌貨才是買貨人？小心踢到鐵板

在談價的時候有一種技巧我覺得不是很好，但偏偏很多人喜歡用，很多人很喜歡在談價的時候對標的物嫌東嫌西，認為只要嫌得越多越可以打擊屋主的信心，越可以殺更多的價格，但其實以我多年觀察以及實際操作的經驗來看，這種方式弄巧成拙的機會很高。我曾經親眼見過一種狀況，買賣雙方價格都談好了，已經坐上簽約桌準備簽約，業務介紹雙方認識的時候，買方不知道哪根筋不對，一直在嫌屋況的問題，一下說樑柱過大、一下說中壁刀屋角，說房子老舊要花很多錢整理等等，總而言之，這個價格已經很對得起屋主，出得很漂亮了。屋主很帥氣的，冷冷地回買方：「這麼委屈，那不要買就好啦！」然後起身轉頭就走，留下一狗票錯愕的我們以及瞪大雙眼不知所措的買方，合約最後雖然有簽成，但已經是三天後的事了。買房子要嫌一下比較好殺價，這是老一輩的家長很喜歡教小朋友的招式，但這招其實很容易被看破手腳、自曝其短。你想想看，買方今天會出價來談，不就表示這些缺點買方是可以接受的，如果真的不能接受，怎麼可能出價來談？說來說去不就是想買便宜一點。再來，每個屋主都是抱著嫁女兒的心態在賣房，都希望能替自己女兒找個好人家，好好照顧女兒的後半輩子，女兒長得醜自己也心知肚明，但就是不能從別人嘴巴講出來，誰講就跟誰拼命，這是屋主賣房普遍的一種心態，嫌貨才是買貨人這種招數，在談價的時候跟業務唉兩聲就算了，在屋主面前千萬不要提太多，這是我的衷心建議。

我覺得**成功率比較大的方式是用柔情攻勢**，尤其一般賣房的年紀通常都比買房的年長，屋主如果看到眼前這對年輕人誠懇地答應買下來後會好好照顧這間房子，看到兩個年輕人胼手胝足地為了生活及理想共同打拼，彷彿看到年輕時的自己，並感嘆著如果當年買這間房的時候有人可以幫點忙、省點錢，自己也不至於忙於工作而忽略家庭以及另一半，既然如此，現在何不順水推舟當是幫年輕人一個忙，堅持這一點錢也沒太大意義，不如成全一下年輕人，避免年輕人重蹈自己的覆轍，可以事業家庭兩兼顧，相信在天國的老伴也會贊同我的決定⋯。在一片溫馨的氣氛下，成交的機會相對也會提升很多。這是我實務上累積的一點心得，提供給大家參考參考。

第三章 買賣流程及交易安全注意事項

我曾經經手一個買賣案件，原本簽完約後應該照著正常流程進行，但就在案件才剛開始啟動時，屋主就一直急著想知道什麼時候可以拿到全部的款項，不斷的催促我要儘快辦理。雖然屋主沒說，但我第一個反應是屋主缺錢，急著要調度資金，我能體諒賣房的一方總是想儘快拿到錢，但不動產買賣就是一定要走完相關的流程，只能一步一腳印，沒辦法一步登天。所以，對於屋主不斷的催促，我也僅能回應儘量幫忙，甚至案件進行到大約三分之一時，屋主提出了想先行動用買方已支付的自備款，我細問屋主急著用錢的理由，屋主也只是避重就輕地說需要用錢。正常來說，買方在案件進行中所支付的所有款項都是匯到信託專戶裡，而買方匯進信託專戶的款項就等於已經交付給賣方，是屬於賣方的錢，但基於交易安全，必須等到整個買賣流程結束，確定交易安全無虞時，才會一筆匯入屋主的私人帳戶。所以，如果屋主想先行動用款項，最大的風險就是屋主已經將款項取走，但標的物發生無法過戶移轉的情形，這時候就會產生交易糾紛。我將這件事告知買方，買方基於信任我的情況下，聽從我的建議，拒絕了屋主的要求。過了沒多久，就在案件準備送過戶的前一天，屋主來電說他接到法院的公文通知，該標的物「已經被限制登記了」，「已經被限制登記了」，「已經被限制登記了」，屋主說很重要，所以他說了三次。標的物被限制登記意味著在解除限制登記前，標的物是不能移轉給買方的，所以，如果屋主不能解除限制登記，就代表屋主不能履行合約，而通常會被限制登記的原因，就是屋主沒辦法清償債務，導致標的物被債權人給限制登記。這案件就在屋主確定無法解除限制登記的情況下完成解約，順利解完約將買方已支付的款項原封不動還給買方時，買方向我表達非常非常深的謝意，因為買方是一對在工地做工樸實無華的夫妻，存的每一筆錢都是汗水累積的結晶，因為相信我的判斷，避免了一場交易糾紛。雖然最後房子還是沒買成，但至少錢還在，算是不幸中的大幸。

另一個案例是在民國一〇七年的時候，有一個關於房屋買賣詐騙案的新聞報導，內容是說買方沒有透過仲介，私底下找尋自售房屋的屋主，談妥價格後馬上找代書簽約跑流程，並在買方支付兩成訂金後辦理過戶，過戶完成當下，買方立刻拿該不動產向民間借貸公司借款，並設定抵押權，完成借款拿到錢之後，卻遲遲不給付尾款，等到屋主發現不對勁時，一切都已經來不及了，買方早已拿著抵押借貸來的高額鉅款遠走高飛，避不見面，屋主只拿到兩成款項，房子卻早已是別人的了。看到這則新聞的時候，我覺得心情很沉重，很多受害者辛苦打拼一輩子，就為了買一間房子成家立業、安身立命，如今苦盡甘來準備安享晚年的時候，卻遇上了這種不肖人士的卑劣行為，除了詐騙取財外，更令不動產業界相關人士蒙羞。

當我在思索這一類詐騙案是如何進行的時候，發現這類買賣詐騙案件，在整個流程進行中，其實有很多機會可以發現破綻。例如，如果屋主懂得買賣流程，有相關基本概念，知道權狀或印鑑證明這類重要文件該在什麼樣的情況下才能交付，或是如果買方當初堅持買賣價金應該委由價金履約保證公司控管，也許今天很有可能可避免憾事發生。而不動產交易買賣因為金額龐大，相關法令規定繁瑣，如果買賣雙方對於不動產交易安全沒有基本概念，遇上有心人士偷雞摸狗或是故意欺瞞詐騙，便很有可能畢生積蓄毀於一旦，不可不慎……。

不動產買賣移轉是我最主要的案件來源，佔了我業績的大宗，其中又以仲介成交請我簽約、辦理後續流程的比例最高。如果想深入瞭解不動產，從買賣流程下手就對了。買賣案件讓我快速累積了豐富的經驗值，我非常建議新手代書，或是仲介從業人員可以深入研究這一塊。買賣案件可以說是代書最容易接到的案件，也是身為代書最基本的本職學能。而買賣案件雖然流程大同小異，但其中細節卻又千變萬化，作者就以本身承辦

圖：買賣過戶流程表及注意事項

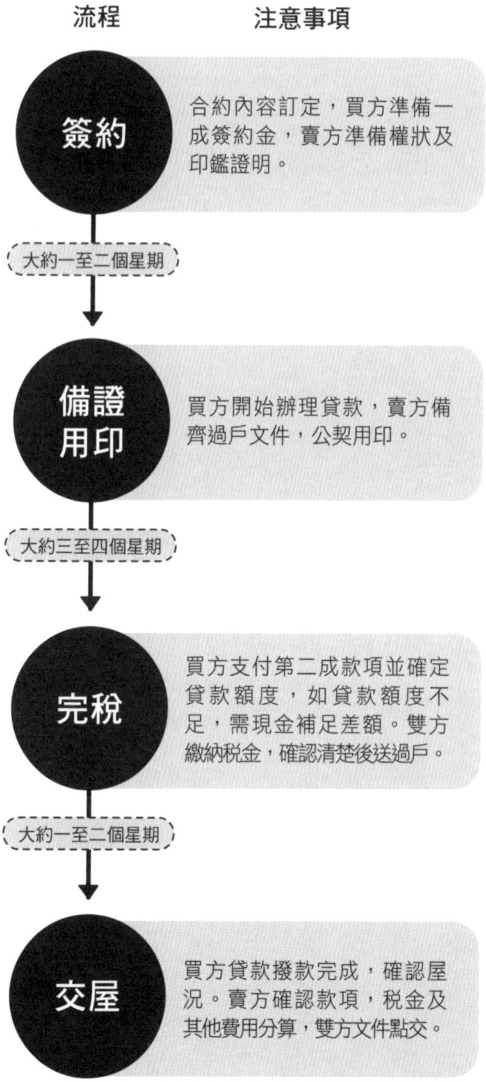

流程	注意事項
簽約	合約內容訂定，買方準備一成簽約金，賣方準備權狀及印鑑證明。
大約一至二個星期	
備證用印	買方開始辦理貸款，賣方備齊過戶文件，公契用印。
大約三至四個星期	
完稅	買方支付第二成款項並確定貸款額度，如貸款額度不足，需現金補足差額。雙方繳納稅金，確認清楚後送過戶。
大約一至二個星期	
交屋	買方貸款撥款完成，確認屋況。賣方確認款項，稅金及其他費用分算，雙方文件點交。

資料來源：作者提供

過的案例跟各位說明與分享。

流程一：簽約　確保交易安全，履約保證省不了

一般來說，想買房的人跟想賣屋的人會先委託仲介公司代為尋找適合的標的物或買家，當買賣雙方透過仲介居中協調有了初步共識後，便會經由仲介業務人員安排簽約，如果是私底下買賣沒透過仲介，則會自行尋找代書幫忙簽約。當然也有極少數沒透過仲介及代書，買賣雙方自行簽約辦理流程。以仲介店家為例，買賣雙方通常會先被經紀人約來店裡談判，喔，不！是談價，一開始的時候，買賣雙方是被隔離開來的，各自由負責的業務人員單點突破，喔，不！我又說得太快了，那叫做溝通、交流。這時候就是看業務人員的表演了，如果買方跟賣方價差很大，如何把死的說成活的，活的說成飛上了天，這就考驗業務人員的功力了⋯。再來，你就會看到業務人員忙進忙出，不時眉頭深鎖、愁眉苦臉，或是憂心忡忡、欲言又止，見面一定是先唉聲嘆氣、悲從中來，然後才娓娓道出另一邊的想法，還有最重要的價格⋯。在酒足飯飽、塵埃落定談妥價格後，打鐵要趁熱，買東西趁特價，便趕快請雙方就定位，因為大家差不多都累了，這時候就輪

到代書頂著救世主的光環登場，接著就正式開始簽約。

以現在的交易習慣來說，如果是透過仲介公司成交，百分之九十九會透過建經公司在銀行開一個信託履約保證專戶，專門用來管制該買賣案件款項金流用的，而簽約用的合約書是由仲介公司的總部提供給代書的，但有一些小型仲介品牌或是私人仲介店家，則會使用建經公司提供的合約書，而私人間的買賣也可以使用建經公司的合約書，或是地政士公會版本的合約書。各家的合約書其實大同小異，內容都差不多，甚至連簽名的地方都一樣，就只有中信房屋的合約書特異獨行，非常高端，硬是跟大家不一樣，常常造成我個人的困擾，但為了五斗米，腰折斷也要簽啊⋯⋯。

• 合約書的內容你不可不知

合約書的內容大致上跟大家說明一下，開頭通常是買賣雙方的名字，但買方不一定就是登記名義人，有可能先生簽約，登記則是用老婆的名字，或是爸爸媽媽簽約，買的是用兒女的名字。然而賣方部分，一定是填所有權人的名字，就算是代理人來簽約，也是在所有權人後面再寫上代理人的名字。代理人來簽約對於合約效力沒有任何影響，就算簽約後屋主或買方反悔，用不是本人來簽約或代理過程有瑕疵等理由來拒絕履行合約，我們也可以針對來簽約的代理人要求損害賠償。本人跟代理人之間的糾紛不影響買賣合約的效力，代理人如果沒辦法說服本人履行合約，就是由代理人負損害賠償責任。代理人所簽的買賣合約是一個法律關係，本人跟代理人之間的授權則是另一個法律關係，這點務必要區分清楚。

然後是買賣標的物的資料，如土地的地段號、面積、持分範圍、建物的建號、門牌、主附建物面積、公設或車位……等，依權狀或謄本記載為主。然後有一個重點，就是該標的物有無增建，有的話要確實註明上去，以避免日後爭議。我通常除了參考仲介所做的標的物現況說明書之外，在簽約的當下，還會當大家的面詢問屋主該標的物是否有增建或佔用的部分，問清楚之後可以讓買賣雙方都安心。

接下來，則是標的物目前的使用狀況，屋主自用、還是空屋或是出租中？屋主如果還住在裡面，搬遷時間要先確定，如果是出租的話，租約是由買方承接、還是租客會清空搬走，這些都要在合約中寫清楚、說明白。

合約價格，為求慎重起見，避免混淆，皆以國字大寫。一般買賣價金付款分成三筆或四筆來支付，但其實除了第一筆簽約款比較要求時效之外，第二筆自備款或稱完稅款的付款時間是相對比較不固定的，我通常會要求買方在稅單核發時連同稅金一併匯入，然後最後就是買方的尾款。付款方式有時會因個案做調整，而最重要的原則就是在過戶前款項一定要到齊，簡單來說，就是自備款加上貸款的部分要等於買賣價款，如果有缺少，或是買方貸款還未確定，那麼就得先暫停流程，以免過戶完成款項補不進來，那就尷尬了…。

在實務上，絕大多數的買方在簽約當下是不會帶那麼多現金來的，所以，一般的交易習慣是第一期簽約款及最後一筆尾款會以本票來代替現金，請買方簽立本票作為擔保，而中間完稅款則沒開本票的必要，因為簽約當下為求合約順利履行，我會要求買方付簽約款或簽本票，相對的，我也會要求賣方交付權狀及印鑑證明，大家五五開，誰也沒佔誰便宜，而尾款本票是因為房子要先過戶到買方名下，買方才能設定抵押借款，為保障屋主權益，同時讓屋主安心，所以，買方必須簽立第二張本票，完稅款則沒簽立本票的理由。

合約書裡還會記載買賣雙方各自應負擔的權利與義務，以及不履行合約的相關違約賠償責任。買賣雙方各自應負擔的稅金也會在合約書中載明，一般來說，買方負擔契稅、印花稅、登記規費以及代書費，屋主則是土地增值稅。而每年在繳的房屋稅、地價稅或是水電費、瓦斯費、管理費等，則是以交屋日來切算，交屋當天代書會以天數計算，依使用者付費原則，買賣雙方以現金找補對方，簡單說，交屋前是屋主要負責，交屋後則由買方來承接。這邊要特別注意的是，買賣雙方各自要負擔的「稅金」，在稅法裡是有明文規定的，意思就是說，如果買賣雙方有私下約定誰負擔什麼稅金，那是你們之間內部的債權債務問題，對稅捐處來說，他不會理你那麼多，稅單開出來，納稅義務人是誰就是誰要繳，不能用私人之間的約定要求變更稅單上的納稅義務人喔！

合約裡還會載明交屋日期，這個交屋日期非常重要，考驗代書對於案件流程的熟悉度，因為每個因素都必須考量進去，擬定出來的交屋日期才不會過早或過晚。打個比方，如果賣方還住在買賣標的物裡，那麼在訂定交屋日期時就必須確認賣方搬遷時間是否來得及正常流程時間，或是買方需不需要貸款、屋主原本有沒有貸款，以及貸款的難易度，作業時間上也會有差。又或是如果賣方土增稅要申請自用稅率，稅捐處審核時間也必須考量進去。總體來說，交屋日期如果訂得太近，除了代書趕案件會趕到壓力山大之外，如果延誤交屋日期，買賣雙方又會各自衍生出其他的問題，而交屋日期如果訂得太久，買賣雙方容易產生變數，而且會對代書產生不信任感，覺得代書辦事不力，客戶心裡會OS：為什麼你辦得特別久？別唬我，姊姊經驗很豐富的喔～，我是說不動產買賣經驗！最重要的是仲介業務人員的獎金要很久才能入袋⋯，不可不慎啊！

不管是哪一種版本的合約書，都一定會有違約的相關賠償責任條款，否則合約會失去約束力。而違約的情形分為兩種，一種叫遲延給付，也就是時間到了，該做的事情還沒做。注意！遲延給付不單單是指買方遲延付款，如果屋主拖延時間搬遷，或證件不交出來、不配合辦理過戶等，一樣會有遲延給付的責任。另一種叫做給付不能，簡單來說，就是買方反悔不買或屋主變卦不賣。如果是遲延給付的話，通常是按照天數來計算賠償金，例如以合約總價的萬分之幾來賠償對方，直到完成給付為止。而如果買方給付不能的話，則是由賣方沒收已支付的價金，如果賣方給付不能的話，就要返還買方已支付的價金，並加一倍賠償買方。

合約的最後就是雙方基本資料、簽名蓋章。至此，簽約也差不多完成了，而通常代書簽約完成後，會酌收一到二千元的簽約金，或稱潤筆費，說白一點，就是代書的車馬費。代書收完簽約金後，原則上就會直接宣布散會，如果買賣雙方有什麼事想私底下跟代書討論的，就會繼續聊，如果沒事了，就是大家拿著合約書各自回家休息，想到問題再說。有關於不動產買賣的第一步：「簽約」，到這邊就告一段落。

• 簽約時該注意什麼？

簽約的時候務必要特別慎重，絕大多數的交易糾紛都是簽約時沒講清楚，避重就輕，或是雙方認知有落差。而且很多詐騙案件或風險問題，在簽約當下都有蛛絲馬跡可循，可以說一切的源頭都從簽約開始。

有關簽約要注意的部分我跟各位提醒幾點：

第一：不管今天你的角色是買方或賣方，在簽約的當下，一定要將合約書看清楚，尤其是沒透過仲介辦理，又不是使用建經公司或公會提供的合約版本，內容一定要仔仔細細看過一遍。以前面那件詐騙案為例，買方即是自行找屋主，沒有透過仲介公司，在簽約的時候也不使用建經公司及地政士公會的合約書，而是用代書自己撰寫的合約書。

但其合約書內容將代書應該負的善良管理人責任避重就輕，企圖將代書的責任撇清，為將來買賣糾紛預留後路，如果賣方敏感度夠高、警覺性夠強，就很有機會在簽約時發現不對勁。

第二：不動產買賣我強烈建議，一定要有價金信託履約保證。所謂的信託履約保證，意思就是說在整個買賣過程中，由建築經理公司管控所有買賣價款，買方所支付的所有款項都是先匯到履保專戶裡，而在整個交易流程結束交完屋後，才一筆匯到屋主所指定的帳戶。早前因為沒有履保制度，常常發生很多交易糾紛，最常見的就是買方付錢、房子沒辦法過戶，或是屋主只拿到部分款項，房子就被過走了，所以，發展成由第三方的建經公司控管買賣價款，買方只要將款項匯到履保專戶，就等同於已經支付買賣價款予屋主，就算標的物有什麼狀況或是有無法過戶的情形，至少款項還在，可由履保公司直接退還於買方。而對屋主來說，可以要求買方將全部買賣價款匯至履保專戶後，再繳交過戶必要文件，如：印鑑證明等。我們再以前面那個詐騙案為例，如果該案件有作履約保證，就不會發生買方僅支付兩成款項便要求屋主交付所有過戶文件，導致款項沒有全部收齊而房子已被過掉的窘境。

第三：要注意合約總價有沒有含仲介服務費。一般來說，買方的仲介服務費是不含在買價款裡的，因此，除了買賣價金之外，買方要再另外給付服務費給仲介公司，而賣方剛好相反，合約總價會先扣除仲介服務費後，才是賣方實收金額。可是，服務費是多少代書不會知道，而且買賣雙方在談價談到最後差距不大但各據一詞時，往往都是仲介公司折讓服務費以搓合成交，所以，到底屋主扣除服務費後實拿多少，屋主一定要跟仲介公司確認清楚，以免日後發生糾紛。

第四：要注意的是，通常在簽約的時後，仲介公司會給買賣雙方審閱「不動產產權調查說明書」，產調的內容很豐富，但我個人認為對買方而言，最重要的部分在建物及土地謄本。有關謄本的部分，我會在另外章節做詳細說明，各位要先知道看謄本要看的是該標的物有沒有被限制登記，以及該標的物貸款設定金額是否超過買賣價款。如果標的物已經被設定限制登記，代表不能移轉過戶，所以，一定要要求屋主先行處理限制登記部分。而如果抵押權設定金額已經超過買賣價款，代表屋主必須額外拿錢出來塗銷抵押權。舉例來說：如果買賣標的物抵押權設定金額是一千二百萬，合約買賣價格是一千萬，那就算將全部買賣價款拿來還屋主的抵押權債務，還是差了兩百萬，抵押權還是沒辦法塗銷。就算過戶完成，買方拿到的標的物還是掛著尚欠兩百萬的抵押權，對買方而言，拿到的就是有瑕疵的產權。這在簽約的時候就要跟屋主說清楚、講明白，因為這兩部分關係到交易安全，一定要特別注意。

而賣方要注意的是，產權調查說明書裡關於標的物現況說明這個部分。所謂標的物現況說明書，就是屋主針對他賣的這間房子的實際現況，用勾選的方式做一個詳細的說明，包含：是否增建、是否漏水、有無海砂屋、輻射屋或凶宅情事⋯等等，非常詳細。如果標的物現況說明書勾選錯誤，要記得修改然後簽名，屋況的部分往往是紛爭的來源，據實告知且清楚載明有助責任的釐清。

第五：如果買賣價金有做信託履約保證，原則上在交易流程結束之前，買賣雙方都不可以動用履保專戶裡面的款項，代書只能憑著稅單去跟履保公司申請出款繳納稅金[1]，因為這是過戶時的必要條件，也是方便屋主不用額外拿錢出來繳稅。另外，仲介公司也會憑著服務費確認單跟履保公司申請出款服務費。除了上述兩種情況以外，屋主如果有急用，想動用履保專戶裡的款項，必須要經過買方的同意。如果今天我是買方，遇到屋主真的有迫切需求需要資金周轉，那麼我會以交易安全的角度去評估是否答應屋主，要怎麼評估？我會要求承辦的代書調閱最新謄本，確認是否有被銀行查封、假扣押或其他限制登記，因為在簽約當下沒有，不代表流程進行中不會有，如果屋主已經先拿走錢，房子又被查封或限制登記，買方想把錢要回來的機率微乎其微。再來，我會評估該買賣標的物原屋主尚欠銀行貸款多少金額，以及屋主該繳納的土地增值稅[2]有多少？如果讓屋主先行動用款項，履保專戶剩下的錢是否足夠繳納稅金，並清償屋主的原貸款項？最怕的是屋主先拿走一部分的錢，剩下的不夠清償貸款或不夠繳納稅金，屋主又擺爛不處理，便會發生交易糾紛。如果都確認過屋主動用的款項確實在合理範圍內，也沒有其他被限制登記的風險，我會答應屋主先行動用部分款項，因為有的屋主可能真的需要搬家費用，或是一買一賣的屋主已經找到房子要付頭期款都有可能，我認為也沒必要太過刁難對方。不過如果真的答應對方動撥款項，一定要提醒代書務必先將過戶必要文件收齊，最好連印鑑章都請屋主交給代書，或至少公契要先蓋好印鑑章，以保障買方權益。

第六：中古屋買賣的不動產買賣合約書是沒有審閱期的，因為審閱期的用意是避免合約雙方中相對強勢的一方，故意在合約中減輕自己的義務或增加自己的權利，從而使合約不利弱勢的那一方，為避免這種情形，消費者保護法才會規定契約必須要有審閱期，以確定弱勢方確實已知悉全部合約內容。但是中古屋買賣的買賣合約書是由第三人所提供的，買賣雙方並沒有誰比較弱勢的問題，雙方權利義務都是相對且相等的，再加上簽約時代書都會告知雙方權利及義務，確認雙方沒問題後才簽約，所以，不管是房屋仲介公司提供的合約書或買賣方自己上網下載的內政部版本合約書，都沒有審閱期相關規定的適用。但是跟建商買新成屋或預售屋，或是委託仲介公司銷售房屋的委託書，由建商提供或由房仲公司提供的合約書，因為建商或房仲公司相對於消費者來說就是屬於強勢的一方，消費者拿到他們提供的合約書就有審閱期相關規定的適用。

消費者保護法第十一條

企業經營者在定型化契約中所用之條款，應本平等互惠之原則。定型化契約條款如有疑義時，應為有利於消費者之解釋。

消費者保護法第十一條之一

企業經營者與消費者訂立定型化契約前，應有三十日以內之合理期間，供消費者審閱全部條款內容。違反前項規定者，其條款不構成契約之內容。但消費者得主張該條款仍構成契約之內容。中央主管機關得選擇特定行業，參酌定型化契約條款之重要性、涉及事項之多寡及複雜程度等事項，公告定型化契約之審閱期間。

消費者保護法第十二條

定型化契約中之條款違反誠信原則，對消費者顯失公平者，無效。定型化契約中之條款有下列情形之一者，推定其顯失公平：

一、違反平等互惠原則者。

二、條款與其所排除不予適用之任意規定之立法意旨顯相矛盾者。

三、契約之主要權利或義務，因受條款之限制，致契約之目的難以達成者。

這裡附上台北市地政士公會的不動產買賣合約書供大家參考，合約書多看幾次，正式簽約就不會緊張了。

不動產買賣契約書（參考範本）

買方：

立契約書人：

賣方：

　　茲就下列不動產買賣事宜，雙方同意訂立本契約，並應依下列約定條款履行：

第一條：買賣標的

一、土地標示：　　市　　區　　段　　小段

　　（以地政機關登記簿登載之內容為準。）

<table>
<tr><th>地號</th><th>面積（㎡）</th><th>權利範圍</th><th>分區與編定</th><th>增值稅申報</th></tr>
<tr><td></td><td></td><td></td><td></td><td rowspan="2">☐一般稅率
☐自用稅率</td></tr>
<tr><td></td><td></td><td></td><td></td></tr>
<tr><td></td><td></td><td></td><td></td><td rowspan="2">☐依契約日公告現值申報
☐依收件日公告現值申報
☐依實際交易價格申報</td></tr>
<tr><td></td><td></td><td></td><td></td></tr>
</table>

（接下頁）

二、建物標示：　　市　　區　　段　　小段

（以地政機關登記簿登載之內容為準。）

建號	主建物（㎡）	附屬建物（㎡）	合計（㎡）	權利範圍	共有部分				建物完成日期	備註
					建號	面積（㎡）	持分	小計（㎡）		

合計建物總面積______㎡，約______坪。

三、增建部分：□無□有，本約買賣標的包括現有未依法申請增建（外推）之違章建築物，賣方保證有權處分且隨同主建物移轉，區域在○壹樓○露台○陽台○頂樓○平台○防火巷○地下室○其他。買方確實知悉該權利之限制及有被拆除之風險；賣方不負瑕疵擔保責任。

四、停車位部分：□無□有獨立產權，□坡道*平面□升降*平面□坡道*機械□升降*機械□其他______位置在第______層，編號第______號。

五、其他說明____

（接下頁）

第二條：辦理買賣價金履約保證或價金信託

□買賣雙方同意就本買賣契約之履約，委由＿＿＿＿建築經理股份有限公司辦理買賣價金履約保證及交易管理作業，同時簽立『買賣價金履約保證書』，該保證書視為買賣合約的一部分。

□買賣雙方同意將本買賣契約之價金交由商業銀行股份有限公司信託管理，由銀行依信託契約之約定及委託人之書面指示辦理信託財產之收付事宜。

□買賣雙方同意不辦理價金履約保證或價金信託。

第三條：買賣價金之給付

一、買賣總價款：＿＿＿＿元整。

（一）土地價款：＿＿＿＿元整。

（二）建物價款：＿＿＿＿元整。

（三）車位價款：＿＿＿＿元整。

二、付款方式約定

雙方同意：

□以現金或票據交付予買方，賣方於後明細表中簽收，不另立收據。

□匯入賣方指定帳戶＿＿＿＿銀行＿＿＿＿分行＿＿＿＿帳號＿＿＿＿帳戶。

□匯入＿＿＿＿銀行信託專戶（以價金信託契約書約定為準）。

（接下頁）

三、約定各期付款金額、支付日期及應履行之事項如下：

期款別	買方應支付賣方金額	應同時履行之事項	備註
簽約款	新臺幣	於簽訂本契約同時由買方支付本期價款（本款項包括已收定金______元）	1. 交付所有權狀正本 2. 支付價款地
備證款	新臺幣	於______年____月____日，雙方備齊產權移轉登記應備文件及用印之同時，由買方支付本期價款。	支付價款地
完稅款	新臺幣	於土地增值稅、契稅稅單核下後，受通知____日內，依約繳清稅款，由買方支付本期價款。 本期款項付清後始得辦理過戶手續。	1. 交付印鑑證明正本 2. 支付價款地
尾款	新臺幣	□無貸款，於辦妥移轉登記後，受通知____日內，由買方支付之，同時辦理點交。 □有貸款，依第四條約定。	支付價款地

第四條：抵押及貸款處理

一、買方預定以本約標的供金融機構擔保貸款新臺幣____元以給付價款，並依下列約定辦理貸款及付款事宜：

（一）買方應於交付備證款時，提供貸款必需之文件，由地政士辦理相關事宜。

（接下頁）

（二）核定貸款金額少於尾款金額，應依下列方式處理：

1. 買方應於地政士送地政機關登記前，以現金一次補足予賣方。

2. 因可歸責於買方事由，致貸款無法獲准時，買方應於受通知日起____日內以現金一次付清。

二、前項貸款因金融政策變更或其他不可歸責買方之事由而無法辦理貸款時，雙方同意解除契約，賣方應將已收之價款無息退還買方。

三、本約標的原有設定之抵押權，其所擔保之未償債務（設定金額：新臺幣______，餘額：約新臺幣______），賣方應於□簽約款後□完稅款前□尾款前□貸款撥款時，會同買方清償或由買方核貸銀行代償，並塗銷抵押權。

四、買方應依通知之日期，親自至選定之貸款銀行完成辦理開戶、對保手續（含覓妥之保證人），並出具撥款委託書授權金融機構將核貸金額逕予轉撥入□賣方指定之帳戶□雙方會同領款交付□信託專戶。

第五條：產權移轉

一、依本約有關產權移轉登記及相關手續，如須任何一方補繳證件、用印或為其他必要之行為者，應無條件於地政士通知之期日內配合辦理，不得刁難、推諉或藉故要求任何條件。

（接下頁）

二、買方應於交付完稅款同時或送件移轉登記前，開立與未付價款同額並指定賣方名義且註明「禁止背書轉讓」之本票（號碼：　　　　），交由地政士保管，賣方收受尾款時，應將票據返還買方。買方如未依約交付價款，經催告仍拒絕履行時，賣方得請求保管人交付票據並行使票據權利。

三、買方得於約定支付備證款前，確認或指定第三人為登記名義人，第三人應共同簽認文書並與買方負擔連帶履約責任。

四、辦理所有權移轉時，其申報移轉課稅現值及公定契約書買賣之價格，雙方同意依下列方式辦理：

□以本約價款為申報標準。

□以____年度土地公告現值及建物評定現值為申報標準。

□雙方約定以____為申報標準。

第六條：稅費之負擔

一、本約標的買賣移轉應納稅費，其負擔方式約定如下：

（一）地價稅：在本約標的點交買方前由賣方負擔繳納，點交日起由買方繳納；前開稅費以點交日為準，按當年度日數比例計算之。

（二）房屋稅：以□主管機關分算計課核發之稅單□本約標的點交之日為準，按當年度日數比例計算之，分別負擔繳納之。

（接下頁）

（三）土地增值稅

1. 賣方以□一般稅率□自用住宅稅率□不課徵方式申報。

2. □由賣方負擔繳納，買方得自應付價款代繳之。□由買方繳納，視為買賣價款之一部分。

3. 如係因可歸責於買方之事由而延遲申報，其因而增加之土地增值稅部分，由買方負擔。

4. 如賣方依規定無法適用自用住宅稅率或不課徵方式核課土地增值稅同意改按一般稅率核課繳納之。

（四）房地合一稅：本約買賣標的如依法應繳房地合一稅，由□賣方□買方□______負擔。

（五）契稅：由□賣方□買方□______負擔。

（六）印花稅：由□賣方□買方□______負擔。

（七）產權移轉登記規費：由□賣方□買方□______負擔。

（八）抵押貸款費用：買方以本約房地向金融機構申請抵押貸款，所生之徵信費、保險費、手續費及抵押權設定登記規費，由□買方□賣方□______負擔。

（九）公證費：本約或公定契約如依規定或約定應辦

（接下頁）

理公證手續，其公證費用，由□買方□賣方□______負擔。

（十）履約保證／價金信託手續費：本約買賣價款如辦履約保證／價金信託手續，其手續費由□買方□賣方□______負擔。

（十一）水、電、瓦斯、管理費：交屋前由賣方負擔繳納，其後由買方負擔繳納。以交屋前一期之帳單金額，按日數比例計算之。

（十二）工程受益費：簽約前如有已公告徵收部分由賣方負責繳納，其有未到期部分由買方負責繳納。

（十三）如有其他未約定之稅捐、費用，應依有關法令或習慣負擔繳納。

（十四）本件買賣移轉，如因故必須撤銷有關申報或移轉登記，其有關稅費，由可歸責之一方負擔之。

（十五）其他（例如：營業稅、贈與稅）：______由□買方□賣方□______負擔。

二、本約不動產買賣移轉登記等相關手續，應支付之代辦服務費，其負擔方式約定如下：

（一）產權移轉登記：新臺幣______元整，由□買方□賣方□______負擔。

（二）抵押權設定登記：新臺幣______元整，由□買方□賣方□______負擔。

（接下頁）

（三）塗銷抵押權登記：每件新臺幣＿＿＿＿元整，由□買方□賣方□＿＿＿＿負擔。

（四）辦理公證手續：新臺幣＿＿＿＿元整，由□買方□賣方□＿＿＿＿負擔。

（五）房地合一稅申報：新臺幣＿＿＿＿元整，由□買方□賣方□＿＿＿＿負擔。

（六）簽約服務費：新臺幣＿＿＿＿元整，由□買方□賣方□＿＿＿＿負擔。

（七）鑑界服務費：新臺幣＿＿＿＿元整，由□買方□賣方□＿＿＿＿負擔。

（八）實價登錄申報：新臺幣＿＿＿＿元整，由□買方□賣方□＿＿＿＿負擔。

（九）其他：＿＿＿＿＿＿新臺幣＿＿＿＿元整，由□買方□賣方□＿＿＿＿負擔。

第七條：點交約定

一、本約標的應於尾款交付日（預定　　年　　月　　日前），由賣方依簽約時現況交予買方或登記名義人，賣方應於約定點交日前搬遷完畢。點交時，如有未搬離之物件，視同廢棄物任由買方處理，清理費用由賣方負擔。

二、買方如有先行整理、裝修本約標的之必要時，經賣方同意後始得先行進入為之，但不得遷入使用。其後若有因

（接下頁）

買方違約而解約時，該已施作之裝潢，固定物，由□買方負責回復原狀□歸賣方所有。

三、賣方應於點交前將原設籍於本約標的之戶籍、公司登記、營利事業登記、營業情形等全部遷離。其未如期遷離，致買方受有損害者，賣方負損害賠償責任。

四、買方應遵守原有大樓管理辦法、住戶規約、分管協議或停車位使用辦法等規定。

五、本約標的如有未依法申請增建之建物、定著物、工作物，賣方聲明確為其所有並有事實上處分權，一併讓與買方，但賣方不負此部分之瑕疵擔保責任。

六、本約標的如僅為土地，賣方應於簽約後即申請鑑界，並會同雙方確認之。點交時如土地上有地上物、工作物，應照現狀連同地上物、工作物移交予買方所有（含管理使用權）。如地上物或工作物為買方所不需要者，賣方應清除騰空交付之。

七、本約房屋之水電、門窗及固定設備，賣方於交屋時應維持原狀點交。惟雙方如於本約標的現況確認書確認或於特約事項約定，從其約定。

第八條：擔保責任

賣方擔保本約買賣標的的產權清楚，並無一物數賣，被他人占用或占用他人房地，亦無出租、設定他項權利或債務

（接下頁）

糾紛等情事。如有賣方應於______款交付前負責清理完畢。

第九條：違約罰責

一、買方如有違反第三條（買賣價金之給付）第三項、第五條（產權移轉）第一項約定時，賣方得訂相當期限以書面催告買方履行，逾期如未履行，賣方得解除本契約，並將已收價款全數沒收，充作違約金。

二、賣方如有違反第三條（買賣價金之給付）第三項、第五條（產權移轉）第一項及第七條（點交約定）第一項約定時，買方得訂相當期限以書面催告賣方履行，逾期如未履行，買方得解除本契約，賣方除應將已收價款退還外，並應同時賠償與已收價款同額之違約金。

三、買賣雙方同意第一款及第二款之違約金以不超過房地總價款百分之十五為限，且雙方不得另行請求損害賠償。

四、如因一方違約致本契約解除，雙方應無條件配合辦理回復原狀手續，並由可歸責之一方負擔有關稅費。

五、各方如有遲延給付或已付之票據無法兌現時，自遲延之日起，應按遲延日數，以未付清期款______分之______計算遲延利息予他方。

（接下頁）

第十條：其他約定

一、雙方同意□共同委託＿＿＿＿＿＿＿地政士全程負責辦理本約相關手續。

□各自委託＿＿＿＿＿＿＿地政士（買方）
＿＿＿＿＿＿＿地政士（賣方）辦理本約相關手續。

（其執行業務範圍由買賣雙方與受託地政士另行約定之）

二、因本契約所為之各項通知，均應以本契約書上記載之地址為準。如有變更，應以書面通知他方。否則，因而致無法送達時（包括拒收），均以第一次郵遞之日期視為已送達日。

三、本件不動產買賣有關實價登錄、洗錢防制法、適用房地合一稅（或財產交易所得稅）部分，地政士已充分告知買賣雙方知悉，買賣雙方已瞭解一切相關法令規定，除有另行委由辦理本件買賣登記案件之地政士代理申報房地合一稅外，賣方應依法令規定自行負責申報。

四、本約所列條款經雙方詳細審閱並由地政士當場宣讀後，雙方同意確實履行而簽署訂立，如有未盡事宜，依有關法令、善良習慣及誠實信用原則公平解決之。如發生爭議，雙方同意以下列方式處理：

□提交中華不動產仲裁協會，以仲裁解決。

（接下頁）

□由臺灣地方法院為管轄法院，以訴訟解決。

五、本約壹式＿＿＿＿份，買賣雙方及地政士各執乙份為據。

其他特約事項

立契約書人

買　方：　　　　蓋　章：　　　　身分證字號：

地　址：　　　　　　　　　　　　電　話：

賣　方：　　　　蓋　章：　　　　身分證字號：

地　址：　　　　　　　　　　　　電　話：

地政士：　　　　蓋　章：　　　　電　話：

地　址：

地政士：　　　　蓋　章：　　　　電　話：

地　址：

中華民國　　　年　　　月　　　日

流程二：用印　買賣雙方須準備什麼文件？

在簽完約後，便會開始進行下一步流程，就是所謂的備證用印。備證用印指的是辦理不動產過戶時，買賣雙方各自應準備的文件。買方因為是取得權利之人，稱之為權利人，所以，文件準備相對比較簡單，只要身分證影本跟便章就可以；而賣方因為是失去權利之人，稱之為義務人[3]，需要準備身分證影本、權狀正本，還有印鑑證明，且公契上必須蓋印鑑章。但其實在土地登記規則裡有規定，義務人原則上應親自到地政事務所辦理登記，但為了便利民眾，另外又規定了一些義務人可以不用親自到場的情形，提供印鑑證明就是其中一種。題外話，我有一個案例，屋主設籍在金門，而印鑑證明必須到戶籍所在地的戶政事務所申請，客戶實在沒時間，也不方便飛往金門，這種情形有兩種處理方式，一種是請客戶將戶籍遷來台灣，等辦完印鑑證明後有空再遷回去，但因為設籍金門福利比其他地方好很多，客戶不願放棄。所以，客戶選擇第二種方法，親自陪同代書前往地政事務所送件，這樣就不用再付印鑑證明了。

在簽約的當下，我會交代買賣雙方各自應準備的文件，簽完約後就可以準備用印，於此同時，買方的貸款也會開始進行。我會先幫買方過濾適合的銀行，然後再請銀行跟買方聯絡。如果買方本身就常跟某些銀行往來，也可以請自己熟悉的銀行幫忙，處理貸款事宜。又或是代書及買方兩邊同時找銀行、同時進行，這也是可以的，並不互相衝突，只要在最後銀行核准的時候，再決定要跟哪間銀行承貸就可以。

在備證用印的這個階段，除了要幫買方找銀行貸款之外，還要申報稅單。現在網路很方便，稅單可以線上申報，在送過戶的時候，再送紙本回稅捐處就可以了。前面簽約時有提過，簽約人不一定是登記名義人，而如果在簽約當下，買方還沒確定登記名義人時，在申報稅單的時候，就必須一定要確定登記名義人。所以，如果買方遲遲未決定登記名義人，在這時候就必須下定決心，否則稅單會報不出去，可能會因此而延誤案件流程。相對的，賣方土地增值稅要申請一般稅率、還是自用住宅稅率，也必須在這時候決定好。有個題外話，在實務上，很多屋主其實搞不太清楚地價稅跟土地增值稅的差別，每次我在詢問屋主土增稅要申報一般稅率、還是自用稅率時，屋主往往一臉疑惑的看著我說：「啊，我本來就是自用的啊？！」跟各位說明一下，每年會收到稅單的是地價稅，每年都要繳納，不繳會被強制執行，而在賣房子的時候，屋主必須另外再負擔一筆土地增值稅，賣一次房子就要繳一次，沒賣就不用，不繳就不能過戶。而地價稅是用一般稅率、還是自用稅率，跟土地增值稅是不相關的，就算地價稅已經申請自用稅率，不代表土地增值稅也一定可以申請自用稅率，土地增值稅要適用自用稅率，還是得重新申報。而且地價稅自用條件跟土地增值稅自用條件有些微差別，這點要特別注意[4]。如果稅單已經申報出去，而買方要更換登記名義人或屋主要更改稅率，只能全部撤掉重報，稅單的申報是沒有更正這回事的，所以，要小心注意並確認當事人的真意。

流程三：完稅　應繳納之稅金，水、電、瓦斯費該如何切算？

稅單申報後，以土地增值稅來說，一般稅率七個工作天內稅捐處則必須核發稅單，自用住宅用地稅率則是需要二十個工作天，而我大約都抓二至三個星期。有時候稅單報上去，過了一段時間沒消沒息，也可以主動聯絡承辦單位關心進度，但通常如果有問題，承辦單位都會直接跟我們聯絡。而通常比較會出問題的就是土地增值稅自用稅率的部分；土地增值稅自用稅率分為兩種，一種叫一生一次，一種叫一生一屋。其中一生一屋又比一生一次審查更嚴格。

表：土地增值稅自用住宅優惠稅率條件

一生一次	一生一屋
地上建物須為土地所有權人或其配偶、直系親屬所有	出售時土地所有權人與其配偶及未成年子女，無該自用住宅以外之房屋（包括土地所有權人與其配偶及未成年子女未辦保存登記及信託移轉之房屋）
土地所有權人或其配偶、直系親屬已在該地辦竣戶籍登記	土地所有權人或其配偶、未成年子女於土地出售前，在該地設有戶籍連續滿六年且持有該自用住宅連續滿六年
土地所有權人出售前一年內未曾供營業或出租之住宅用地	出售前五年內，無供營業使用或出租
一人一生享用一次為限	出售前持有該土地六年以上
都市土地面積未超過三公畝或非都市土地面積未超過七公畝部分	出售都市土地面積未超過一．五公畝部分或非都市土地面積未超過三．五公畝部分
自用住宅建築完成一年內者，其房屋評定現值須達所佔基地公告現值十％	

資料來源：作者提供

而在申請土地增值稅自用稅率時，最常遇到的問題不外乎是有第三人設籍在該標的物，適用一生一次優惠稅率的條件中，有一項是出售前一年內不得有出租或營業使用（一生一屋是五年內）。如果該標的物有非所有權人的直系親屬三等親內的人設籍，稅捐處會推定這個第三人跟所有權人之間有租賃行為，就會要求設籍人附一份無租賃切結書，切結設籍人跟所有權人之間無租賃關係，這樣稅捐處才會核准土增稅自用稅率。

這裡我有一個案例，其屋主的土增稅一般稅率要一百多萬元，自用卻只要將近四十萬。賣方千交代萬交代一定要申請自用稅率，我也不負所託地將稅單申報上去，過了幾天稅捐處來電通知，該標的物有位某某某女性還設籍在此，請附無租賃切結書及身分證影本備查，我二話不說立刻抄了電話將此事回報賣方，在我說出某某某大名後，只見賣方虎軀一震，面有難色，此時我覺得有點納悶，照理來說，戶籍會設在這裡幾乎都是認識的，就算現在已經不住在這裡，要找到本人簽無租切結書難度應該也不高，更何況差了將近五十幾萬新臺幣！無論如何也要找到人逼她簽，喔！不，是請她幫忙配合一下才對。經過我迂迴婉轉地詢問之下，賣方才艱難的吐出幾個字：「那是我前妻，離婚時有些不愉快⋯。」寒風瑟瑟，烏鴉飛過，在心照不宣短暫的沉默過後，眼前只剩兩條路，要嘛，像個男子漢，心一橫、牙一咬，爽快的撤掉重報，改為一般稅率，要嘛，男子漢大丈夫能屈能伸，低頭拜託，求也要把切結書求回來。你看我話說得多漂亮，不是男子漢就是大丈夫，總是要給客戶台階下嘛，至於結局如何，那又是另外一件事了⋯。

至於其他的契稅、印花稅[5]等，原則上應該是不會有什麼問題。稅單核發之後，這時買方的貸款大致上應該也已經確定下來了。如果這時候買方貸款還未確定或核准，時間上就要稍微注意一下，代書要主動提醒買方儘快完成貸款作業。雖然貸款是買方的責任，但根據我的經驗，不管買方資歷多差或要求多不合理，造成時間拖延，一律都是代書的錯，所以為了自保，時間快到了就要趕快發簡訊提醒買方進度，以免向偶。當買方貸款額度確定後，我就會計算第二筆自備款加上稅金。如果貸款跟當初簽約尾款有落差的話，差額也要加總進來，然後通知買方將款項匯到履保專戶裡，待款項進到履保專戶後，便可以繳稅然後送過戶。而屋主的稅金，例如土增稅則可直接從履保專戶出款繳納，屋主可以不用再另外拿錢出來。要注意的是，稅單核發下來後會有繳納期間，有些個案可能稅單已經核發了，但還沒有那麼快要繳稅，這時就要小心，不要放到忘記繳納而過期了，因為過期的話，每逾兩日會加徵百分之一的滯納金，最多加到一五%。有些稅單的土增稅很重，滯納金罰下去也是很可怕的，千萬要注意。

買方貸款如果已經確定核准了，銀行會通知買方對保。所謂對保，就是銀行已經核准你申請的貸款案件，銀行會跟你簽定貸款契約，確認貸款的金額、利率、還款年限等細節部分，這動作就叫對保。在對保完成後，銀行就會將抵押權設定契約書交給代書，讓代書在送過戶的同時設定抵押權。一般代書會因為交易安全的關係，幾乎都是等到買方貸款銀行設定契約好了之後，再將過戶登記申請書及抵押權設定契約書一併送往地政

表：買賣價金給付流程表（以合約價一千萬，預計貸款八成為例）

簽約	用印	完稅	交屋
簽約時給付一成款項（一百萬）。		稅單核發時給付一成款項（一百萬）。買方需另給付契稅、印花稅、登記規費。賣方應繳納之稅金由信託專戶出款繳納。	最終核定七成，差額一成，也就是一百萬元，須於過戶前存入信託專戶。如買方貸款不足買賣價八成，差額部分需於過戶前補足。例如買方貸款銀行過戶完成後，由買方貸款銀行將買方貸款撥入信託專戶或清償原屋主房貸。

資料來源：作者提供

事務所辦理。因此，在剛過完戶的時候，標的物所有權人會變成買方並同時有兩筆抵押權，第一筆是屋主原貸款設定的抵押權，第二筆是買方過戶完後設定上去的抵押權，而買方的貸款銀行收到地政事務所發給的他項權利證明書（綠色，很像權狀的東西）後，才會撥款清償原屋主的貸款。清償完畢後，原屋主的貸款銀行會發給屋主一份證明文件，那叫做清償證明，拿到清償證明後，就可以前往地政事務所將原屋主的抵押權塗銷掉。所以，要注意的是，很多人會誤會以為將房貸繳清後抵押權會自己不見，其實沒有，一定要自己主動跟銀行索取清償證明，然後清償證明裡最重要的兩張文件，一張是他項權利證明書，一張是塗銷同意書，拿著這兩張加上身分證跟印章就可以辦理塗銷了。

在屋主辦完塗銷，標的物僅剩買方銀行的抵押權時，買方的銀行才會將清償後的餘額撥款至履保專戶（所謂清償餘額，指的就是買方貸款金額償還原屋主房貸後剩下的錢），這個時候整個清償流程才算完整。但是有少數銀行可以在第一次撥款代償時，就將剩餘款項撥進履保專戶，相對比較方便，也省時很多，但這種銀行真的是少數。

流程四：交屋　買房不能住，延遲交屋怎麼辦？

在買方銀行撥款代償餘額後，整個買賣流程已經到了最後準備交屋的階段。而在交屋前，原則上都會通知買方驗屋，驗屋的時間點大概是在交屋前的一至二個禮拜，主要就是確認標的物是否保持簽約時的狀態，在簽約至交屋時標的物是否有重大改變或毀損。因為民法有明文規定，屋主對於買賣標的物是有瑕疵擔保責任的，所以，屋主必須將標的物保持原狀交給買方，而關於瑕疵擔保責任的部分，我會在另一個章節特別跟各位詳細解說，目前暫且帶過。另外，如果該標的物是有帶租約的，就是目前該標的物是出租中，房客還住在裡面或仍在使用該標的物，那麼大部分的仲介都會在交屋前協調承租方進行換約。所謂換約，就是原屋主跟承租方之間的租約更改成買方，也就是新屋主跟承租方之間的租約。但因為民法有規定買賣不破租賃的關係，所以，租約內容新屋主不能擅自變更，要等到租約到期後，新屋主跟承租方重新訂定租約時才能變更。也因為民法本來就有買賣不破租賃的相關規定，所以，其實換不換約並不是必要的，只是為求慎重，也順便讓新屋主跟承租方彼此認識一下，仲介通常都會幫忙聯絡協調換約。

民法第四二五條第一項

出租人於租賃物交付後，承租人占有中，縱將其所有權讓與第三人，其租賃契約，對於受讓人仍繼續存在。

上述就是坊間俗稱的買賣不破租賃。但買賣不破租賃有一些例外情形：前項規定，於未經公證之不動產租賃契約，其期限逾五年或未定期限者，不適用之。最主要是避免不肖賣方故意製作假租約，壓低租金長期佔有標的物，尤其是有些屋主知道房子即將被法拍，故意找人頭承租，等房子拍掉後，再來跟買方要求一大筆搬遷費。如果遇到這種情形，一定要確認租約超過五年是否有經過公證，以確保自身權益。另外，雖然叫買賣不破租賃，但其實不動產的移轉包含贈與、繼承或法拍等都可以適用，因為民法認為承租人是相對比較弱勢的一方，故給予相當大的保障。

在確定交屋日期後，代書會通知仲介業務人員，業務人員會先前往該標的物抄錄水錶、電錶以及瓦斯度數，並確認管理費是否繳納，然後前往水、電公司以及天然瓦斯公司進行結清，一來確認屋主是否有欠繳款項，二來有利於交屋時，代書進行相關款項找補計算。交屋的程序其實很簡單，就是買賣雙方文件點收，買方通常文件比較多，包含權狀正本、當初簽發的本票、繳納的稅單、過戶的公契以及最近的謄本⋯等，而屋主因為房子都賣掉了，兩袖清風，所以，重要的文件只剩下買賣公契跟繳納過的稅單而已。對屋主而言，最重要的是履保專戶裡款項的部分，在交屋時，履保公司會將專戶款項進出紀錄做一個明細，交屋時給買賣雙方確認，例如：買方什麼時候匯了多少錢？屋主履保出款金額以及名目等。在雙方確認款項沒問題後，就會按照明細上的結餘金額匯到屋主的帳戶。最後就是一些費用的分算，包含房屋稅、地價稅、履約保證費用或管理費、租押金等，原則上都以交屋日按照天數來計算。由代書算出來之後，當場以現金補貼，這樣可以避免日後的爭議。前面有提到，如果標的物是帶租約的，還要請原屋主提供租賃合約，以確定租金收款日期以及計算期間，還有押金金額。租金的分算，如果標的物是隔套房出租的案件，最好事先算好再約交屋，因為有時候房子會跟變魔術一樣，一間頂樓加蓋變成十間套房出租，租金的分算真的會算到瘋掉，如果不先收齊租約先行計算完畢，在交屋當下，買賣雙方的仲介業務、甚至還有代租、代管業者或其他湊熱鬧的親朋好友，幾十雙眼睛盯著你算，代書除了壓力山大都不足以形容外，雙手還有可能像得了帕金森氏症那樣狂抖呢。而押金單純多了，因為當初租客的押金是由賣方收取，所以，直接依租約押金金額由賣方補貼買方，日後如果承租退租，就直接由買方退還押金給承租方。

如果交屋時間點在早上，大部分的履保公司都可以趕在當天將款項出給屋主，如果超過下午兩點交屋，則是隔天出款。交完屋後，代書會將單據傳真回履保公司，履保公司確認雙方都沒問題後就會結案出款，至此整個不動產買賣過戶流程便告一段落。

實務上，絕大部分的買賣案件都能順利交屋結案，但是最常見的違約情形幾乎都是遲延交屋。在一開始簽約的時候，通常代書都會按照自身經驗去衡量該案件流程所需的時間及天數，然後概抓一個交屋日期，可是不動產買賣雖然是基本、算是簡單的，但其實變數也是相當多的。很多時候買賣雙方包含代書或仲介，都有可能遇到意料之外的問題，往往就會造成流程延宕，導致延後交屋。而其實中古屋買賣核心角色是買方及賣方，房子是屋主拿出來賣的，也是買方拿錢出來買的。所以，不管當案件出什麼樣的問題，其實就是看買賣雙方當事人的態度跟想法。就以延遲交屋來說好了，我遇過因為買方貸款時間拖太久，延遲將近整整一個月才交屋，但屋主認為無所謂，當沒事發生，交屋時還是買方自己過意不去，包了個紅包給屋主，可屋主還是堅持不收。我也曾遇過賣方因為承租方找不到房子，而遲延三天交屋，買方堅持按照合約總價萬分之三以天數賠償，屋主也認為自己理虧，所以也就摸摸鼻子接受了。這兩種狀況都是情理之中、意料之外，但只要買賣雙方都沒意見，兩邊都講好了，大家都可以接受也就沒什麼問題。

可是我也常遇到很多莫名其妙躺著也中槍的情形，舉個實際遇到的案例，有一個案件在簽完約後、交屋前發現房屋有漏水，買方整個炸掉，跳起來質問：屋主為什麼沒有告知現況有漏水的情形？！仲介為什麼沒有善盡調查的義務？！代書為什麼沒有站在買方立場協助處理？！買方架起五〇機槍，化身藍波瘋狂掃射，不放過任何可攻擊的對象，同時撂下一句「漏水沒處理好，我要解約！」仲介別想拿到服務費，並揚言要告到消基會消保官那邊去⋯。我可以理解買方生氣的原因，也可以體諒買方的心情，但這裡有些法律觀念要釐清一下，買賣雙方之間的買賣行為是買方跟賣方之間的法律關係，買賣方委託仲介公司居中仲介是買方跟仲介以及賣方跟仲介的另一個法律關係，買賣雙方委託代書辦理過戶流程又是另外一個雙方各自跟代書之間的法律關係。簡單的說，這個案例有三段法律關係。當問題發生的時候，一般人很容易將三段法律關係全部攪和在一起處理，但其實應該要一段一段處理才是正確的方式。以這案例來說，買方應該先針對屋況問題請求屋主負責修繕或減少價金，房子是屋主的，也是屋主拿出來賣的，發現房屋漏水或其他問題，第一個要做的是通知屋主出面處理。第二，如果真的看仲介不爽，要告仲介沒有善盡調查義務，導致買方蒙受損失，必須要先確定買方受到什麼樣的損失。意思就是說買方跟賣方之間的法律關係要先處理好，才能確定買方有什麼損失，進而才能針對仲介是否有過失，且是否須賠償買方來追究。第三，代書同時代理買方及賣方辦理過戶移轉相關流程，當案件發生問題時，基本上代書都是站在中立的立場來協助調解，意思就是說代書沒有義務、也沒有責任一定要幫誰講話。如果買方或賣方覺得代書處理有瑕疵，一樣比照仲介處理，請買賣雙方之間的法律關係先處理好，之後再追究代書的責任。最後，如果案件真的解約了，買賣雙方的仲介服務費還是要照給喔！仲介已完成搓合買賣的服務，縱使日後買賣雙方因故解除買賣契約，也不代表仲介服務費不用給，這點要特別注意。

註1：現在的代書作業在申報不動產相關稅金時，都是直接在稅捐處的網站申報，稅捐處

核發稅單時，也是上傳到網站上面，請我們去下載列印出來，所以，在完稅的階段代書會將列印出來的稅單傳真給建築經理公司，建築經理公司會依稅捐處核發之稅單上面的應納稅額出款。

註2：土地增值稅的試算有二種方式，一種是帶著土地權狀前往稅捐處土地增值稅科，請稅捐處人員幫忙試算。第二種是先前往地政事務所或網路上調閱第一類土地謄本，然後上「財政部稅務入口網」填入相關數據，就可以線上直接試算。需要填入的數據，謄本上面都有，除了物價指數之外，物價指數可從網路下載「消費者物價指數表」即可。

註3：依土地登記規則規定，基於登記的原因而直接喪失權利之人稱為義務人，以買賣案件來說，因為登記完畢後賣方就失去標的物的所有權，所以賣方是義務人。也因為賣方是失去權利的一方，為求慎重及確定當事人的真意，所以登記規則規定義務人要準備更周全的證明文件，來確定義務人已知悉登記後的結果。

註4：地價稅與土地增值稅自用住宅優惠稅率條件：

表：自用住宅優惠稅率條件

地價稅	土地增值稅
地上房屋為土地所有權人或其配偶、直系親屬所有。	地上建物須為土地所有權人或其配偶、直系親屬所有。
土地所有權人或其配偶、直系親屬在該地辦竣戶籍登記。	土地所有權人或其配偶、直系親屬已在該地辦竣戶籍登記。
地上房屋沒有出租或營業情形的住宅用地。	土地所有權人出售前一年內未曾供營業或出租之住宅用地。
土地所有權人與其配偶及未成年之受扶養親屬，以一處為限。	一人一生享用一次為限。
都市土地面積以三百平方公尺為限，非都市土地面積以七百平方公尺為限。	都市土地面積未超過三公畝或非都市土地面積未超過七公畝部分。
	自用住宅建築完成一年內者，其房屋評定現值須達所占基地公告現值十%。

資料來源：作者提供

註5：契稅以及印花稅於本書第八章會專門說明。

Buying a House

第四章 認識瑕疵擔保責任

事情發生在月黑風高的一個下午，我抬頭看著天空烏雲密布，風雨欲來，我掐指一算，眉頭一皺，心裡嘀咕一聲：不妙！果不其然下一秒我的手機立刻鈴聲大作，一位仲介同仁打電話給我，他聲音顫抖的跟我說：「許代書啊，上次簽約的那個案件，買方驗屋出問題了，房屋現況有漏水耶！原本看屋的時候還好好的，結果這幾天下大雨，不知道是潮濕、還是真的漏水，現在買方很生氣，說漏水處理好之前要暫停所有流程，等屋主把漏水修理好，買方看過沒問題之後才要繼續進行，如果屋主不處理的話要解約，並向屋主請求違約金，順便連仲介一併求償，這樣的要求合理嗎？買方真的可以要求解約嗎？如果拖到交屋時間，是屋主要負責、還是買方要負責？」仲介同仁惴惴不安的向我詢問，我在瞭解事情的來龍去脈之後，將瑕疵擔保的相關規定綜合實務應用情況，花了約莫半小時跟這位同仁詳細說明一番，當我費盡唇舌、歷經千辛萬苦，就在我認為這位同仁應該已經盡數吸收我傳授的大內心法，獲得我真傳的部分功力準備回頭跟買賣雙方廝殺的時候，他回了我一句話：「許代書啊，我口才不好，你可以幫我跟買賣雙方解釋，順便協調嗎？」⋯要我協調我從來不會拒絕，畢竟真的有些客戶會看在代書的面子上禮讓三分，但你可以早在三十分鐘前跟我說，讓我省點力氣啊，大哥～！

不動產買賣時，買賣雙方通常都知道，屋主就買賣標的物有瑕疵擔保責任，也就是所謂的保固責任。而這個瑕疵擔保卻也是不動產買賣裡最容易發生糾紛的環節，很多買賣雙方甚至仲介從業人員對於瑕疵擔保的相關規定懵懵懂懂，不求甚解，以至於雙方常產生認知上的不同，進而發生不愉快的情形。我本身就遇過很多買賣雙方在簽約當下氣氛愉快，有說有笑，卻因為屋沉問題的責任歸屬而造成雙方嫌隙，到了交屋的時候，大家死氣沉沉，不發一語，何必呢？

買屋有瑕疵，賣方必須負責嗎？

民法三五四條

出賣人應擔保物交付買受人時，無滅失或減少其價值之瑕疵，亦無滅失或減少通常效用，或契約預定之效用。但減少程度無關重要者，不得認為瑕疵。

瑕疵擔保責任在民法裡是有明文規定的。首先，瑕疵擔保責任不僅止於不動產買賣，動產或不動產都算在內，而我們討論的重點以不動產買賣為主。再來，瑕疵包含物的瑕疵以及權利的瑕疵；物的瑕疵，簡單說就是標的物物理現象的瑕疵；權利瑕疵，例如像是標的物上有限制登記或其他妨礙所有權之登記等。民法三五四條，簡單來說就是屋主在交屋的時候，必須確保標的物跟簽約時之情況不能有太大落差。舉例來說，簽約時地磚都是好的，但可能屋主在搬遷的過程中將地磚敲破了，或是落地窗原本是好的，但在交屋時因颱風或其他原因而破裂；或是最常見的，看屋時天氣都很好，簽完約後颱風過境，才發現標的物會滲漏水，以上狀況屋主都必須負責處理修繕。

可是有很重要的一點，「但減少程度無關重要者，不得認為瑕疵」，意思就是說如果不是很嚴重的情況，那就是買方自行處理⋯。我在簽約時，如果買賣雙方有人提到關於瑕疵擔保責任的範圍，我通常會這麼回答客戶：因為畢竟是中古屋的買賣，我們依一般交易習慣以是否「堪用」來判斷這算不算瑕疵，簡單說，如果瑕疵已造成無法使用或顯然已經失去原先的效用，那麼屋主就必須負責，如果只是不好使用或是單純外觀損傷，那就是由買方自行吸收。像是如果房間門鎖壞了，但門還是可以正常開關，那就是買方自行處理，如果房間門已經變形不能關上，那屋主就必須修復至正常可使用的狀態。通常買賣雙方都可以接受我對於瑕疵擔保責任範圍的解釋。

但在實務上很容易遇到一種情形，那就是我們在過完戶後，準備清償原屋主的貸款之前，會請買方到標的物的現場「驗屋」，如果驗屋順利，沒什麼狀況，就會進行撥款、塗銷、交屋⋯等後續流程。但偏偏就有一種買方，買中古屋的價格用新成屋的標準來檢驗，如果只是嘴巴說說，嫌東嫌西，唸一唸就算了，倒也還好，但有的買方會要求代書停止撥款，等屋主將標的物整理至他滿意為止，才願意繼續進行後續流程。嚴格來說，就算是屋況真的有問題（除非是非常重大的瑕疵，例如海砂屋或是輻射屋、凶宅等，達到契約約定解除權那種），買方也沒權力要求代書停止撥款，按照合約精神來說，流程必須繼續進行，貸款一樣得照撥、利息照算、流程繼續照走⋯⋯，但通常我還沒說完，買方這時候已經跳起來了，一定會指著代書的鼻子大罵：「那我買方的權益怎麼辦？！誰來對我負責？！」我先來說明為什麼流程要繼續進行，第一，幾乎所有的不動產買賣合約書裡面都有載明，買方必須於過戶完成後五日內通知貸款銀行撥款清償屋主原貸款，而在整份合約書其他地方並沒有特別註明可例外排除的情形。第二，是比例原則的問題，在標的物已經過完戶的時候，所有權人已經移轉為新買方，而屋況問題的處理費用相對於整間標的物的價值來說，顯然不相當。所以，買方要求代書停止撥款很明顯對屋主不公平，不符合比例原則。

因此，綜合上面兩點來說，買方是不能要求代書停止流程、拒絕撥款。那買方的權益該如何保障呢？實務上，我們遇到這種情形會先協調屋主儘快處理，儘量在交屋前將屋況恢復或改善，不然就補貼費用讓買方自己處理。倘若真的來不及，那麼在交屋時就會協調屋主保留部分款項在履約保證專戶裡，藉此箝制屋主，避免將全部款項交付後屋主事後不理。

時間限定要注意，以免做冤大頭

民法三五六條

買受人應按物之性質，依通常程序從速檢查其所受領之物。如發現有應由出賣人負擔保責任之瑕疵時，應即通知出賣人。買受人怠於為前項之通知者，除依通常之檢查不能發見之瑕疵外，視為承認其所受領之物。不能即知之瑕疵，至日後發見者，應即通知出賣人，怠於為通知者，視為承認其所受領之物。

民法三六五條

買受人因物有瑕疵，而得解除契約或請求減少價金者，其解除權或請求權，於買受人依第三百五十六條規定為通知後六個月間不行使或自物之交付時起經過五年而消滅。前項關於六個月期間之規定，於出賣人故意不告知瑕疵者，不適用之。

法條跟阿祖的裹腳布一樣落落長，我們來整理消化一下。首先，法條有出現兩個時間點，一個是半年（六個月），一個是五年。實務上，不動產買賣按照一般交易習慣，我們都會跟買賣雙方說，屋主瑕疵擔保責任期間是半年，半年內屋況有重大瑕疵屋主都必須負責…。其實，嚴格來說，民法規定瑕疵擔保責任的時效是從標的物交付起算五年，但為什麼幾乎所有房屋仲介都說半年，是因為民法有提醒你，買方在受領標的物時有檢查的義務，如果你檢查有發現瑕疵，應該立刻通知賣方並要求賣方處理，如果你怠於檢查或檢查後沒有立刻通知屋主處理，那麼從發現瑕疵起算六個月後，你就再也不能要求賣方負責。

而回歸到實務面，不動產買賣金額龐大，依一般正常人的思維，在交屋前都會先驗屋，就算有一些當下不能馬上發現的瑕疵，在交屋後半年內應該都可以檢查出問題，所以，如果半年內買方並未提出屋況有瑕疵，就可以合理推斷交屋當下屋況並沒有瑕疵。屋況既然沒有瑕疵，屋主當然就不必負擔保責任。坊間瑕疵擔保責任期限半年的說法，便是由此而生。

說到這，順帶提到一個非常重要的觀念，**屋主的瑕疵擔保責任擔保的是交屋前的瑕疵，如果是交屋後的瑕疵，則是買方自行處理，跟屋主沒有關係喔！**實務上，我就遇過一個案例，屋主房子賣掉後經過三年多，買方發現該標的物有漏水，回頭找仲介，叫仲介找原屋主負責處理修繕。仲介回買方說：「已經超過半年了，怎麼可能現在才發現漏水？別鬧了，大哥～」買方表示，因為該標的物買來之前就是出租給承租方，買來後也都一直出租中，所以不曉得有漏水，而且民法規定瑕疵擔保責任是五年，交屋到現在才三年多，我一發現就馬上通知原屋主處理，也是剛好而已。仲介一聽之下大驚失色，跑來問我應當如何是好？其實買方說得有道理，按照這種情況，買方確實可以在請求權時效五年內，請求屋主負責修繕或賠償價金，但有很重要的一點是，買方必須舉證在交屋前就已經有漏水，如果買方真的可以證明漏水是發生在交屋前，而且買方本身並沒有怠於檢查，這時候買方的訴求就有理可據。反之，如果買方沒有辦法提出相關證明，那麼就不關屋主的事。後來我聽仲介說，買方寄了存證信函後，好像也就不了了之了。

增建部分屬於瑕疵擔保範圍嗎？

還有一種情形，標的物如果有增建，增建的部分屬不屬於瑕疵擔保責任的範圍？有兩種說法，一種是說因為買賣價格有包含增建部分，買方既然有付錢，那麼相對的也屬於瑕疵擔保責任的範圍內。另一種是說**增建部分因為沒有產權，也不是合法建物，因此不屬於瑕疵擔保責任的範圍內**。根據我實務上的經驗，我比較傾向後者，而且在簽約時我會特別跟買方告知，增建的部分比較算是標的物的附加價值，所以，屋主不再另外負擔保固責任，但標的物只要是有產權的，屋主當然都還是得負瑕疵擔保責任，簽約時講清楚，最好是可以白紙黑字寫下來，以避免日後因為認知不同而產生糾紛。

另外，瑕疵擔保責任只要買賣雙方合意，是可以以特別約定方式免除的。所以，很多屋主在賣屋簽約時為避免將來的紛爭，會要求代書在合約書載明「依現況交屋」，但往往弄巧成拙。「依現況交屋」這五個字，本身就很有事，到底是什麼時候的現況？第一次看屋時？簽約時？還是交屋時？屋主對於屋況的部分有無誠實告知⋯等等，反而在日後屋況真的出現問題時，更難處理。所以，屋主如果真的想免除交屋後的修繕責任，就應該在合約書中註明：「屋主針對屋況部分自交屋日起不負任何瑕疵擔保責任，所有屋況問題皆由買方自行承受處理」。這樣多多少少可以避免一些認知上的落差，但是即使如此加註，如果屋主對於該標的物本來就存在的瑕疵惡意隱瞞未告知的話，屋主其實還是要負責任的。

民法第三六六條

以特約免除或限制出賣人關於權利或物之瑕疵擔保義務者，如出賣人故意不告知其瑕疵，其特約為無效。就是在避免不老實的屋主故意欺瞞買方規避責任。

Buying a House

第五章
看懂謄本，才知道產權有沒有問題

我在剛進永慶房屋當仲介業務時，曾經鬧了一個笑話，有個客戶來店諮詢，想委託我們賣房子，那時候我很菜，報到才沒幾天，還在熟悉商圈的階段，學長們又都剛好不在，祕書看著我使了使眼色，示意我提槍上陣，我只好硬著頭皮去接待。客戶拿出他的權狀影本跟我說他這間房子大概的狀況，並且請我估價，客戶想瞭解自己的房子可以賣多少錢以及該怎麼開價，還有一些細節問題。客戶拿著權狀影本滔滔不絕、口沫橫飛的說著，但因為我非常緊張，所以根本沒在聽客戶講什麼，一直到祕書看不下去，在旁邊用唇語告訴我：「先調謄本」，我才如夢初醒反應過來。我請客戶暫停一下，我說我先調謄本，然後再來討論。謄本調好後我拿在手上，腦袋還是一片空白，謄本密密麻麻寫了一堆，雖然都是繁體中文，但我完全不明白文字表達的內容是什麼，我心想：「好吧，那我就拿著謄本跟客戶比對權狀上面本來就有的東西，一個一個比對總不至於出差錯吧，權狀上面沒有而謄本有記載的就想辦法呼嚨帶過。」打定主意後，我把謄本攤在客戶眼前，結果開頭第一行地段號就跟權狀不一樣，客戶問我說為什麼謄本跟權狀上面不一樣，我頭皮發麻故作鎮定的回答：「可能政府資料登打錯了吧，你先別在意那個，我們繼續往下看⋯。」然後客戶又指著謄本問我：「為什麼土地使用分區是空白的？」我回說：「嗯⋯，因為這塊土地政府沒有分類啊。」就這樣，我用連我自己都無法說服的說法勉勉強強解釋了一番。最後，我做了一個總結：「先生，您的權狀跟謄本核對起來沒什麼太大的問題，代表您的產權應該也沒什麼太大的問題，您只要在銷售委託書上面簽名，我們就可以開始進行銷售了。」祕書用一種看到外星人的表情看著客戶簽下了委託書。事後祕書跟店長報告整件事的始末，我被學長笑了好一陣子，也成了店內的另一種傳說。

謄本怎麼看？有何作用？

謄本，指的是建物或土地登記謄本，簡單說，就是將地政事務所電腦建檔的資料以紙本的方式呈現。謄本在不動產買賣裡佔有非常重要的地位，民法中有特別提到「土地權利經土地登記之公示方法而得使第三人得予查知」，以確保交易安全，此即為土地登記之公示力。所以，為了將不動產資訊公示出來，地政事務所會將有關該標的物的重要訊息記載在謄本裡，而且比起權狀來，謄本上的資訊更為即時且詳細。這麼說好了，身為一個稱職的代書，在簽約的當下，手邊最好要有當天調出來的謄本，以確保交易安全以及相關事項。

謄本最常用就是第一類與第二類，其中的差別在於所有權人資訊揭露的程度。第一類謄本資訊會將所有權人的姓名、身分證字號、戶籍地址等完整揭露，第二類謄本則會隱藏部分資訊，保護所有權人的個人資料，所以，相對的，如果要調第一類謄本，就必須要有所有權人的身分證字號才可以，第二類則是一般普羅大眾皆可申調。而謄本除了最常用的第一類與第二類，其實還有傳說中的第三類謄本，可是坦白說，第三類謄本是政府發神經弄出來的奇怪產物，實用性不大，實務上幾乎不會調用到第三類謄本，這邊也就跳過不提。至於謄本的詳細內容，由上而下，從左到右，一些比較重要的部分，以下我將一一說明。

建物或土地標示部

謄本內容分為三大部分，分別為標示部、所有權部以及他項權利部，其中他項權利部不一定會有，但標示部與所有權部一定會有。而這三個部分的共通點就是一定都會有「登記日期」與「登記原因」，最主要是因為地政機關會根據登記原因與目的分別在這三個部分去做變更，但這三個部分不一定是連動的。舉例來說，一般的買賣案件對標的物本身（像是門牌地址或面積等）並沒有影響，僅是所有權人之間的更動，所以，標示部的登記日期與登記原因不會有所變化，可是所有權部的登記日期與登記原因就會更新成最新資訊。標示部的登記日期與登記原因通常不怎麼重要，大部分都是地政機關依職權需要所做的變更，例如地籍重測…等。反觀所有權部的登記日期與登記原因就很重要，例如所有權人如果賣屋，賣屋所得是適用舊制併入綜所稅申報、還是適用新制房地合一稅，判斷的基準就要參考當初取得的時間點，也就是所有權部的登記日期。至於「登記原因」，就是所有權人如何取得該標的物，通常淺顯易懂，常見的有買賣、贈與、繼承、信託、法拍…等。

除此之外，標示部的內容大致記載著該標的物的相關資訊，諸如建物謄本有建物門牌、坐落地號、主要用途、建材、層數（就是所謂的總樓層）、面積、層次（標的物所在樓層）、建築完成日期（銀行放款與火險公司會參考）、附屬建物、共有部分等。其中關於面積這個部分要特別說一下，不管是謄本或權狀上面記載的都是平方公尺，但臺灣的民俗風情很喜歡講「坪數」，不管大大小小事情，只要是有關不動產的，都很喜歡講坪數，好像不講顯得很低端一樣。為什麼要講坪數？相傳坪數是日本制定的面積單位，日據時代傳來臺灣，老一輩的一直講坪數，後生晚輩也不方便僭越，就算國民政府規定登記面積必須以平方公尺記載，老百姓們也沒給他「信道」，照樣幾坪幾坪的朗朗上口，然後一直到了現在，衍生成要踏入不動產界要先學會算坪數⋯。言歸正傳，平方公尺如果要換算成坪數，請將平方公尺乘以〇．三〇二五就可以了。

建物謄本的標示部，照著字面上的意思直接理解，基本上不會有什麼太大的問題，而土地謄本的標示部就要特別注意一下。土地謄本標示部的面積，指的是整塊地的面積，如果要單獨抓出所有權人的面積，必須要依據所有權部的權利範圍來計算。而土地謄本標示部的使用分區，如果是空白的，表示該土地是屬於都市計畫範圍內的土地，也就是所謂的都市區。如果使用分區有特別註明，例如：鄉村區、山坡地保育區⋯等，那麼這塊地就屬於非都市土地。所以，如果要查都市土地的使用分區，謄本是看不出來的，要調閱都市計畫圖，網路可以搜尋關鍵字「地籍圖資網路便民服務系統」，便可查詢都市土地的使用分區，非常方便。而關於土地使用分區的類別與差異，會在另外的章節特別說明。在面積下方有一行字：「公告土地現值」，這是指調閱謄本當年度的公告土地現值，公告土地現值由政府一年調整一次並公告，是用來計算土地增值稅用的，算是很常用的資訊之一。建物標示部以及土地標示部的重點大致說明至此。

建物或土地所有權部

接下來，我們會看到所有權部，建物所有權部在登記日期下方有「原因發生日期」，這裡指的是登記原因發生的日期，與登記日期不太一樣。原因發生日期指的是原因事實發生之日，登記日期則是地政機關完成登記移轉之日。以買賣案件來說，簽訂買賣合約之日就是原因發生日，地政事務所完成過戶移轉登記就是登記日期。為什麼要做這樣的區別？這是因為土地登記規則裡有明文規定，登記原因發生後必須在一定期限內完成登記，一般案件是一個月內，繼承登記則是六個月內，若是超過期限會罰錢，所以，要特別將原因發生日註明出來。但實務上，以買賣案件來說，從簽約當天開始算，幾乎都超過一個月才登記完畢，然後交屋，但為什麼沒罰錢？這是因為從報稅到繳完稅金這段期間是可以扣除不算在內的，所以，時間其實挺充裕的，被罰錢的機會不大。我遇過被罰錢的幾乎都是年代久遠、未辦繼承登記的案件，而且罰錢的金額有上限，最高不會超過登記規費的二十倍。再來，原因發生日期在登記規則裡有特別說明，例如買賣以契約成立之日，法院判決移轉以法院判決確定之日或訴訟上和解或調解成立之日…等，每個時間點都有其意義與重要性，為方便將來釐清責任與作業方便，所以，原因發生日與登記日期才會特別區分出來。

所有權部裡的權利範圍，如果該標的物有其他共有人，權利範圍就可以看出各該所有權人各自的持分。權利範圍的下方有個權狀字號，這一欄可以提供代書於簽約時比對賣方所交付的權狀，確認是否為正確的權狀。怎麼說呢？我真的有遇過一種情形，在簽約的當下，我請屋主交付權狀，但屋主交付的權狀上面的權狀字號卻跟謄本記載的不同。會有這種情形發生，很有可能是之前屋主以為權狀遺失而去申請補發，但在補發完成後拿到新的權狀時，才找到當初以為遺失的舊權狀。地政機關在補發新權狀時，會將舊權狀公告註銷，並將謄本的權狀字號更新成新權狀的字號，主要是在避免有心人士做一些偷雞摸狗的事情。另外，權狀字號這一欄，有一種在特殊情形下會是空白，沒有權狀字號，就是我們在辦理繼承登記時，如果是申請公同共有繼承登記，而有些繼承人未配合辦理繼承登記，那麼，在繼承登記完畢後，所有繼承人雖然都會取得權利，但未配合辦理的繼承人地政事務所就不會核發權狀，要等他們繳完書狀費後才會核發，也才會有權狀字號。

在建物所有權部，還有一個非常重要的資訊，那就是「**其他登記事項**」，**如果該標的物有被查封**、**假扣押**、**預告登記或其他限制登記等**，**都會在這裡呈現出來**。其中預告登記跟查封算是比較常見的限制登記；其中預告登記的意思，簡單說就是當所有權人被設定預告登記後，在預告登記還沒塗銷以前，該標的物不管是要移轉或設定其他登記，都必須經過預告登記權利人的同意才可以。因為預告登記地政事務所不收規費，所以，是很常看到的限制登記之一。查封登記，指的是如果債務人未清償債務，債權人取得執行名義後，就可以申請法院查封債務人的不動產，禁止債務人就該不動產作其他處分移轉，以保全債權人之債權。其他還有假處分、假扣押、破產，以及其他依法律所為禁止處分之登記，總體來說，就是債權人為保全債權限制所有權人權利的登記。在不動產買賣裡，這一類的資訊非常重要，關係到交易安全，也是審閱謄本必看的一個項目。這裡有一個很重要經驗分享，如果買賣的標的物已經被查封，但還沒被法院拍賣，這時候該標的物其實還是可以買賣，而且因為屋主本身債務已經出問題，不堪負荷了，所以，有很大的機會可以撿便宜，很多買賣經驗豐富的投資客會專門鎖定這類案件來賺取利潤，這類案件實際操作流程以及注意事項，我會再另外說明。

土地所有權部裡有一欄「當期申報地價」，申報地價是稅捐稽徵機關課徵地價稅用的，原則上每二年調整一次，但得由政府視情況定之。「公告土地現值」跟「公告地價」的差別，在地政士考試時曾經出過考題，但一般人不是考生，不用背得那麼痛苦，只要記住「公告地價」是用來計算地價稅，公告現值是用來計算「土地增值稅」的，這樣就可以了。

「前次移轉現值或原規定地價」，這是一個很重要的資訊；所謂的土地增值稅，它的計算方式簡單說是依所有權人取得的時間點一直到所有權人移轉給其他人為止，這段期間土地漲價的幅度來計算。而前次移轉現值，指的就是在計算土地增值稅時採用的原始取得時間點那時的土地公告現值，因為關於前次移轉現值的認定是有明文規定的，所以，謄本特別將前次移轉現值揭露出來，以方便土地增值稅的計算，也避免稅捐處課稅上的爭議。

「歷次取得權利範圍」，照字面上的意思直接翻譯，如果該標的物所有權人為分次取得該標的物，每一次取得的時間點跟權利範圍就會在這裡表示出來。尤其是土地，前面曾經提到，因為土地取得的時間點跟土地增值稅的計算有很大的關聯，所以，謄本會依據取得的時間點分別表示在這個部分。

建物或土地他項權利部

說完了標示部及所有權部後，剩下最後一個「他項權利部」。所謂他項權利部，指的是所有權以外的其他權利，如果該標的物產權單純，沒有其他權利，在謄本上面就不會有他項權利部。而通常他項權利對所有權是一種負擔，所以，如果能不要設定儘量不要設定。

簡單介紹一下他項權利，他項權利有抵押權、地上權、不動產役權、典權、農育權以及耕作權等，一般實務中最常見的就是抵押權。抵押權在民法裡有相當多的條文，佔了非常大的篇幅，如果要深究的話，非常辛苦且吃力，這邊我就實務上常見的情形簡單說明一下。抵押權指的是債權人對於債務人或第三人不移轉佔有而供其債權擔保之不動產，得就該不動產賣得價金優先受償之權。法條就是法條，一般人看不懂是正常的，不然代書考試是考身體健康的嗎？扯遠了，簡單說，以買賣案件為例，買方跟銀行借錢買房子，買方稱借款人或債務人，而銀行是債權人，買方將買賣標的物抵押給銀行，買方是抵押人或稱擔保物提供人，銀行則是抵押權人，銀行對於該標的物並不是事實的佔有，而是利用抵押權限制債務人對於該標的物的一種權利，如果債務人未清償債務，抵押權人可以於標的物拍賣後有優先取得拍賣價金的權利，這就是所謂的抵押權。這邊特別說明一下，借款人（債務人）跟抵押人（擔保物提供人）大部分的情形都是同一個人，但也有可能不一樣。什麼樣的情況下會不一樣？舉例來說，有時候我們在辦買賣案件的時候，買方登記名義人的財力跟資歷不是很好，導致銀行不肯借錢或不想借那麼多錢給買方，那麼實務上的作法就會跟買方溝通，在登記名義人不變的情形下更換借款人，這時候借款人跟登記名義人，也就是擔保物的提供人，便會不一樣。這種情況常發生在先生買太太的名字，或爸爸媽媽買小孩子的名字，在謄本的他項權利部裡這些都可以看得出來。

而關於抵押權有一些一般人常容易誤會的重點，我將粗淺的說明一下：

第一，抵押權設定登記後沒塗銷以前，所有權人一樣可以將該標的物做買賣或贈與等移轉，抵押權不會因此而受影響；簡單說，抵押權是跟著房子一同移轉，跟所有權人的更迭是不相關的。所以，不管所有權人如何更換，只要當初的借款人不履行債務，該標的物隨時有可能被債權人強制執行。

第二，不是只有抵押權人才可以申請拍賣抵押物，只要是債權人取得執行名義，都可以針對債務人的不動產申請強制執行，只是抵押權人有賣得價金優先受償之權，實務上常遇到的情形是所有權人將房子抵押設定給A銀行，欠A銀行房貸，並跟B銀行辦理信用卡，結果所有權人不繳信用卡費，然後是B銀行申請拍賣標的物。

第三，**債務清償後，抵押權不會自動消滅，要由債權人或債務人主動申請塗銷，抵押權才會不見**。實務上有很多人把當初的貸款還清了，但都沒有去辦塗銷登記，以為銀行會主動辦理，或還清債務後抵押權會自動不見，並沒有這回事，一定要主動去地政事務所辦理塗銷登記，抵押權才會不見喔！

第四，抵押權設定的時候會有約定年利率這一項目，尤其是私人之間的借貸，如果沒有特別註明，國稅局有可能會依法定年利率百分之五來認定，並計算抵押權人因此而獲得的利息來課徵抵押權人的所得稅，要特別注意。

第五，有些私人借貸公司在放款的時候，會故意將抵押權設定金額拉得很高，造成其他銀行或其他放款公司認為這間標的物已經沒有再借貸的空間，迫使屋主只能繼續跟他們借貸，並收取高額利息以及費用，一定要小心。

其實，關於抵押權的部分還有很多很多可以討論的地方，後續如果有提到其他關於抵押權的相關情形，會再另外說明之。

地上權：在他人土地之上下有建築物或其他工作物為目的而使用其土地之權。意思就是，如果你本身沒有土地，那麼你可以跟地主商量在地主的土地上設定地上權，供你在這塊土地上面建築房屋或做其他利用。地上權大部分被應用在商業用途，很多大財團認為直接購置土地成本過高，不符合經濟效益，便會利用設定地上權的方式來使用該土地，如建設百貨公司等，當然地主不可能做功德消業障，平白無故讓你設定地上權，通常財團以給付地租的方式與地主協議來取得地上權。而最近有很多建商有推出地上權的建案，其售價較一般市價便宜很多，但消費者買了房子卻沒有土地所有權，且這類建案地上權通常設有年限，年限到了就要捲舖蓋走路，遠走高飛，或是另外再花一筆錢買土地，當初省下來的房價是否真的划算，本人是持保留看法。畢竟一般人買房最主要的原因，不就是希望落地生根，長治久安嘛~，所以，本人是不太建議，也不看好以地上權來蓋住家的這類產品。

不動產役權：以他人不動產供自己不動產通行、汲水、採光、眺望、電信，或其他以特定便宜之用為目的之權。不動產役權的應用理論上很廣泛，但實際上並不常見。法條所提到的通行、汲水、採光、眺望、電信或其他，在都市區裡幾乎遇不到，而在郊區或鄉下地方要跟普羅大眾解釋地役權，又有一定的難度，所以，實務上遇到的機會真的不多，真的遇到了，照字面上的解釋，應該也八九不離十了。

典權：支付典價佔有他人之不動產，而為使用收益之權。典權是一個很酷的權利，而且我個人認為也是一個立意非常良善的權利，但在世風日下的今天，幾乎沒有典權存活的空間，為何？且聽我娓娓道來。典權，白話的意思就是說如果我有房子但暫時缺錢，剛好有另一個人有很多錢且暫時需要房子，我就將房子典給他，他支付典價給我。典權一定要約定期限，但最長不得超過三十年，超過三十年會自動縮短成三十年。在期限到的時候，我把錢「原封不動」還給他，他把房子「原封不動」還給我，這就是典權。各位客官評評理，是不是立意非常良善的一種制度，大家各取所需，誰也沒佔誰便宜，是不是？！但因為資本主義倡行，社會風氣普遍利益當道，所以，典權漸漸被抵押權及租賃關係取代，成為時代的眼淚，非常的可惜~。

農育權：稱農育權者，謂在他人土地為農作、森林、養殖、畜牧、種植竹木或保育之權。農育權之期限，不得逾二十年；逾二十年者，自動縮短為二十年。但以造林、保育為目的或法令另有規定者，不在此限。

耕作權：承墾人自墾竣之日起，無償取得所領墾地之耕作權，應即依法向該管直轄市或縣（市）地政機關聲請為耕作權之登記。但繼續耕作滿十年者，無償取得土地所有權。

在他項權利裡，不動產役權、典權、農育權以及耕作權因為時代的變遷，臺灣從早年農業社會轉變為工業社會，已經漸漸不符現今土地利用，存在感越來越低。在實務上，除了中南部土地案件比較有機會遇到，北部地區幾乎很難碰到或看到這些權利。如果真的遇到類似的案件，也真不知是幸或不幸。

以下附上謄本範例，提供大家參考比對。

建物登記第一類謄本（所有權個人全部）
土城區延和段02099-000建號

列印時間：民國108年07月08日12時20分　　　　　　　　　　　　頁次：000001
中和地政事務所　　主任：陳素霞　　　　　　本案係依照分層負責規定授權承辦人員核發
中和整謄字第020786號　　　　　　　　　　　　　　　　　　　列印人員：許丹玲
資料管轄機關：新北市板橋地政事務所　　　　　謄本核發機關：新北市中和地政事務所

********************　建物標示部　********************

登記日期：民國094年10月15日　　　　　　　　登記原因：地籍圖重測
建物門牌：金城路三段１１９號六樓
建物坐落地號：延和段　0205-0000
主要用途：住家用
主要建材：鋼筋混凝土造
層　　數：020層　　　　　　　　　　　　總面積：****101.67平方公尺
層　　次：六層　　　　　　　　　　　　層次面積：****101.67平方公尺
建築完成日期：民國084年10月30日
附屬建物用途：陽台　　　　　　　　　　　　面積：******9.55平方公尺
　　　　　　　花台　　　　　　　　　　　　　　　******0.75平方公尺
　共有部分：延和段02251-000建號***3,818.46平方公尺
　權利範圍：****100000分之266*******
　其他登記事項：使用執照字號：８４土使字第１４４４號
　　　　　　　　重測前：廷寮坑段外藤寮坑小段１４６８３－０００建號
其他登記事項：使用執照字號：８４土使字第１４４４號
　　　　　　　重測前：廷寮坑段外藤寮坑小段１４５３１－０００建號

*******************　建物所有權部　*******************

（0001）登記次序：0005
登記日期：民國108年07月02日　　　　　　　　登記原因：買賣
原因發生日期：民國108年05月23日
　所有權人：楊
　統一編號：L2　　879　　　　　　　　　　出生日期：民國069年03月07日
　住　　址：臺中市梧棲區大村里４０鄰文心街１３４號
權利範圍：全部*********1分之1*********
權狀字號：108北板建字第013337號
相關他項權利登記次序：0005-000
其他登記事項：（空白）

******************　建物他項權利部　******************

（0001）登記次序：0005-000　　　　　　　　權利種類：最高限額抵押權
收件年期：民國108年　　　　　　　　　　　字　　號：中板登字第020380號
登記日期：民國108年07月02日　　　　　　　登記原因：設定
　權 利 人：元大商業銀行股份有限公司
　住　　址：臺北市松山區敦化南路一段６６號一至十樓及６８號一樓、二樓、二樓之１、七樓
　　　　　、九樓
債權額比例：全部***1分之1***
擔保債權總金額：新臺幣*****10,740,000元正
擔保債權種類及範圍：擔保債務人對抵押權人現在（包括過去所負現在尚未清償）及將來在本抵
　　　　　　　　　　押權設定契約書所定最高限額內所負之債務，包括借款、票據、透支、保
　　　　　　　　　　證、墊款、信用卡契約。
擔保債權確定期日：民國１３８年６月２５日
清償日期：依照各個債務契約所約定之清償日期
利息（率）：依照各個債務契約所約定之利率計算
遲延利息（率）：依照各個債務契約所約定之利率計算
違 約 金：依照各個債務契約所約定之違約金計收標準計算
其他擔保範圍約定：１．取得執行名義之費用。２．保全抵押物之費用。３．因債務不履行而發
　　　　　　　　　生之損害賠償。４．因債務人向抵押權人辦理約定之擔保債權種類及範圍所
　　　　　　　　　生之手續費用。５．抵押權人墊付抵押物之保險費。
債務人及債務額比例：楊　　，債務額比例全部
權利標的：所有權
標的登記次序：0005
設定權利範圍：全部*********1分之1*********
證明書字號：108北板他字第009895號

續次頁

新北市中和地政事務所

建物登記第一類謄本（所有權個人全部）
土城區延和段02099-000建號

列印時間：民國108年07月08日12時20分　　　　頁次：000002

設定義務人：楊
共同擔保地號：延和段　0205-0000
共同擔保建號：延和段　02099-000
其他登記事項：（空白）

本謄本僅係　建物所有權個人全部節本，詳細權利狀態請參閱全部謄本。
（本謄本列印完畢）
※注意：一、本謄本之處理及利用，申請人應注意依個人資料保護法第５條、第１９條、第２０條及第２９條規定辦理。

新北市中和地政事務所

土地登記第一類謄本（所有權個人全部）
土城區延和段0205-0000地號

列印時間：民國108年07月08日12時20分　　頁次：000001
中和地政事務所　主任：陳素霞　　本案係依照分層負責規定授權承辦人員核發
中和整謄字第020786號　　列印人員：許丹玲
資料管轄機關：新北市板橋地政事務所　　謄本核發機關：新北市中和地政事務所

*********************　土地標示部　*********************

登記日期：民國094年10月15日　　登記原因：地籍圖重測
面　　積：*****2,006.34平方公尺
使用分區：（空白）　　使用地類別：（空白）
民國108年01月　公告土地現值：***120,165元／平方公尺
地上建物建號：共177棟
其他登記事項：合併自：２１１－３８地號
　　　　　　　因分割增加地號：２１１－２１地號
　　　　　　　重測前：廷寮坑段外藤寮坑小段０２１１－０００３地號

本謄本未申請列印地上建物建號，詳細地上建物建號以登記機關登記為主

********************　土地所有權部　********************

（0001）登記次序：0359
登記日期：民國108年07月02日　　登記原因：買賣
原因發生日期：民國108年05月23日
　所有權人：楊
　統一編號：L22　　879　　出生日期：民國069年03月07日
　住　　址：臺中市梧棲區大村里４０鄰文心街　　４號
權利範圍：****100000分之566*******
權狀字號：108北板地字第019713號
當期申報地價：107年01月　****19,386.4元/平方公尺
前次移轉現值或原規定地價：
　108年05月　***120,165.0元/平方公尺
　歷次取得權利範圍：****100000分之566*******
相關他項權利登記次序：0536-000
其他登記事項：（空白）

*******************　土地他項權利部　*******************

（0001）登記次序：0536-000　　權利種類：最高限額抵押權
收件年期：民國108年　　字　　號：中板登字第020380號
登記日期：民國108年07月02日　　登記原因：設定
　權利人：元大商業銀行股份有限公司
　住　　址：臺北市松山區敦化南路一段６６號一至十樓及６８號一樓、二樓、二樓之１、七樓、九樓
債權額比例：全部***1分之1***
擔保債權總金額：新臺幣*****10,740,000元正
擔保債權種類及範圍：擔保債務人對抵押權人現在（包括過去所負現在尚未清償）及將來在本抵押權設定契約書所定最高限額內所負之債務，包括借款、票據、透支、保證、墊款、信用卡契約。
擔保債權確定期日：民國１３８年６月２５日
清償日期：依照各個債務契約所約定之清償日期
利息（率）：依照各個債務契約所約定之利率計算
遲延利息（率）：依照各個債務契約所約定之利率計算
違約金：依照各個債務契約所約定之違約金計收標準計算
其他擔保範圍約定：１．取得執行名義之費用。２．保全抵押物之費用。３．因債務不履行而發生之損害賠償。４．因債務人向抵押權人辦理約定之擔保債權種類及範圍所生之手續費用。５．抵押權人墊付抵押物之保險費。
債務人及債務額比例：楊　　，債務額比例全部
權利標的：所有權
標的登記次序：0359
設定權利範圍：****100000分之566*******
證明書字號：108北板他字第009895號
設定義務人：楊

續次頁

新北市中和地政事務所

土地登記第一類謄本（所有權個人全部）
土城區延和段0205-0000地號

列印時間：民國108年07月08日12時20分 頁次：000002

共同擔保地號：延和段 0205-0000
共同擔保建號：延和段 02099-000
其他登記事項：（空白）

本謄本僅係 土地所有權個人全部節本，詳細權利狀態請參閱全部謄本。
（本謄本列印完畢）
※注意：一、本謄本之處理及利用，申請人應注意依個人資料保護法第５條、第１９條、第２０條及第２９條規定辦理。
二、前次移轉現值資料，於課徵土地增值稅時，仍應以稅捐稽徵機關核算者為依據。

新北市中和地政事務所

Buying a House

第六章 貸款心得分享

代書有的時候需要一點業務能力，尤其是打算跟仲介業者配合的代書。以我自己來說，剛成為代書的時候，事務所的所長就叫我們要多去拜訪仲介，跟仲介稱兄道弟，禮尚往來，看能不能爭取簽約辦案的機會，以便增加自己的案件來源以及收入，當然，最重要的還是看能不能幫事務所多賺一點錢，這是所長的心聲，他沒說，我也略懂。

我在一開始拜訪仲介的時候，跟仲介同仁們交換名片以及聯絡方式，後續想跟他們做更深層的心靈交流時，他們都很喜歡問我：「許代書啊，你們配合的銀行給不給力，估價強不強啊？」我覺得很納悶，銀行不就是銀行嗎？給不給力或估價強不強跟代書有什麼關係？那時候的我還不太曉得銀行貸款對於買賣案件流程的重要性，以及仲介弟兄為什麼會執著於代書的貸款能力，一直到我遇到了一個案件，才有深深的體悟。

事情是這樣的，有一次仲介臨時通知要簽約，因為買方看完房子後就直接被仲介帶到店頭，買方買房的意願很高，仲介發現機不可失，風風火火的馬上約屋主出來，當下喬一喬就談好了價格，準備簽約。我到了現場七手八腳、兵荒馬亂的，總算也順利簽完了約，但因為太臨時了，處理完時間也晚了，所以，我跟仲介對於案件細節方面並沒有做太多的溝通，我只記得仲介叫我貸款的部分要好好處理，買方很在意這點。但我也沒想太多，案件簽回來後就開始跑流程了，那時的我還很菜，不會替買方篩選銀行，很隨意的送了第一間銀行，然後馬上就被承辦打槍，銀行承辦說標的物買方買得太貴，價格估不到，我照實回覆買方，說銀行估價估不到，至於為什麼估不到，我只能支吾帶過，不敢老實跟買方說，說了買方心理一定不舒服，這一點我倒還清楚。接著送了第二間銀行，銀行說價格偏高，但勉強可以做，我見獵心喜，馬上通知買方，請買方前往銀行寫申請書申辦貸款，買方早上去銀行寫完申請書，下午銀行就打電話給我說：「許代書啊，這買方是做市場生意的，屬於現金收入，這類客戶我們銀行不承作耶。」我一陣暈眩，天旋地轉，小小心靈受到莫大傷害，好吧，再繼續找銀行吧。我找到第三間銀行，再三確認額度也可以，客戶現金收入也可以，滿心期待又怕受傷害的請銀行開始進行貸款流程，這時候買方已經有點情緒了，但沒辦法，房子要買，貸款還是要貸啊，雖然心有不甘，買方鼻子摸摸還是配合我作業。第三間銀行開始作業後，大約過了兩個星期，銀行又打電話給我說：「許代書不好意思，買方在我們家銀行有信用卡遲繳的紀錄，申請額度被總行下修，所以⋯⋯。」後面我已經聽不清楚銀行承辦人員跟我說了什麼，因為我內心只剩下某種崩落跟碎裂的聲音。後來這案件，我就像大雄一樣，哭哭啼啼地請學長幫忙，學長也不愧是學長，多啦A夢是當得有模有樣，介紹一間傳說中很給力、很強的銀行，讓我的案件得以繼續進行下去，並在最後貸到買方滿意的額度。

經過這案件後我深刻的體會到，銀行在買賣案件中的角色以及重要程度，也終於明白為什麼很多仲介朋友對於代書挑選銀行的能力這麼的看重的原因。

銀行如何評估貸款？

俗話說得好，錢不是問題，問題是沒錢，買房也一樣，如果買方不用跟銀行貸款的話，案件處理起來會輕鬆很多。而我承辦過的買賣案件，在流程執行上通常最大的問題就是幫買方找貸款，如果買方貸款順利的話，案件很少會有什麼太大的問題。銀行貸款是一門學問，銀行針對這個買賣案件願意貸給買方多少錢，就要看銀行的評估，而評估的重點大略可區分成兩個因素，一個是買方自身的條件，另一個是銀行對標的物價值的認定，行話叫做估價。

先說說借款人自身條件這部分，**銀行在評估的時候，有一項很重要的參考數據叫做收支比**。所謂的收支比，簡單來說，**就是你每個月房貸繳納的金額佔總收入的百分比**。舉個例子來說：買方月收入十萬元，如果每個月要繳的房貸金額是六萬元，那麼 $60000 \div 100000 = 0.6$，$0.6 \times 100\% = 60\%$，買方的收支比就是六十％。這個數字當然是越少越好，普遍來說，收支比在百分之六十以下銀行都可以接受；如果超過百分之七十，銀行會審慎評估，房貸承辦人員報告就要用心寫；如果收支比超過百分之八十、甚至九十的時候，銀行會直接問我：「許代書啊，您可以幫我問一下買方，每個月的收入繳完房貸後，他要怎麼過日子？吃泥土配開水嗎？……」

在簽約的時候，如果有機會，我會大致詢問買方的貸款條件，然後根據我初步的判斷來幫買方挑選銀行。開頭那個案例，就是因為在簽約當下以及事後我都沒有仔細去瞭解買方本身的條件，就貿然隨便請銀行直接開始作業，造成很多時間上的浪費，也造成銀行跟買方的困擾。所謂的貸款條件，例如：買方的職業以及月收入是多少？有無薪轉或扣繳憑單？本身有其他負債嗎？信用卡是否有不良紀錄？曾經有過逾期遲繳、甚至於被強制停卡的紀錄嗎？這些都是銀行評估的重點。大部分的銀行會將買方資料輸入電腦，由電腦跑評分，再根據評分來決定核貸金額。也有少部分銀行可以由房貸承辦人員撰寫報告，依報告來做決定。每家銀行針對借款人的財力，評估方式都有些許不同，很可能就因為這一點點差異，而影響了買方貸款的成數或利率，所以，該如何根據買方狀況幫買方挑選適合的銀行，這是代書必須要注意的事情。

或許有人會問，市面上那麼多銀行，就全部都問一遍就好啦…，可惜的是事情總不是憨人想的那麼簡單，大部分的銀行在評估買方貸款的時候都會調閱聯合徵信紀錄，也就是所謂的聯徵。這個聯徵紀錄的徵調次數，銀行也會納入考量，通常來說，如果借款人聯徵紀錄在短期內被徵調超過三次的話，銀行拒絕承做的可能性很高，銀行會認為在正常的情況之下，買方找貸款應該聯徵紀錄不會調閱太多次。換句話說，買方聯徵紀錄在短期內被查閱多次，是不是買方有什麼特殊情形，導致銀行要反覆確認聯徵紀錄？這個買方是不是有什麼隱情？現在的銀行敏感度都很高，只要對買方狀況有一點疑慮，通常都會直接拒絕承作，當然，如果你是皇親國戚、達官貴族，那是另當別論。所以，亂槍打鳥，隨便找銀行申辦很容易增加之後貸款的難度。

現金收入可以貸款嗎？

大部分的銀行都喜歡薪資固定，任職於百大企業或公務人員等這類收入明確的客戶。那如果買方是現金收入怎麼辦？例如：現在很流行的網拍、網購，或是市場擺地攤的，甚至是臉書直播主、優士伯實況主等，這時候就必須確認客戶的收入有沒有存到銀行裡？存進去後每個月有多少盈餘在戶頭？我遇過很多客戶喜歡膨風，講得很水氣（台語），一邊嘴歪臉斜，一邊用鄙夷的眼神跟我說：「我每個月收入都三十幾、四十萬左右，要貸款幾百萬應該沒難度吧？！」我會請他將存摺內頁印給我看，沒錯，一個月真的都三、四十萬，但問題是每個月戶頭都剩下幾千、甚至幾百元⋯，這種客戶講好聽一點是視錢財如糞土、錢財乃身外物，萬般帶不走唯有業隨身，活得很瀟灑、很精采，但是銀行會吐槽你：「大哥，每個月您的錢都花光光，自備款從哪裡來？每個月的房貸您要怎麼繳？」這種財力證明送上去被打槍不要緊，如果被列管疑似洗錢帳戶，那真的是自找麻煩啊！還有一種很麻煩的買方貸款情形，就是買方在大陸工作，薪水是大陸公司發的，因為大陸所得要匯回臺灣很麻煩，很多人乾脆不匯回來，就會形成以臺灣的資料來說，看不出在臺灣有收入，因而造成銀行評分的困難。所以，如果真的是現金收入，不用太緊張，重點是錢有沒有存進銀行、有沒有存款的習慣，如果都有，也是有銀行可以承做的。

另外，剛才有提到，如果買方是台商或外商，收入都是在國外，或是國外工作領國外公司薪水的，這一類買方不是不能貸款，只是通常都要找公股銀行或是外商銀行比較有機會。而這一類客戶，貸款銀行選擇性就會比較少，這些簽約前都要跟買方說明清楚，以免買方過度期待。而所謂公股銀行是指政府持股五十％以上的銀行，目前只有臺灣銀行跟土地銀行這兩間是真正的公股銀行，股份百分之百是政府持有，剩下的像是合作金庫、華南銀行、兆豐銀行、臺灣中小企銀、第一銀行、彰化銀行等，因為政府有持股但並沒有超過百分之五十，稱做泛公股銀行，這些林林總總加起來，就是傳說中的八大行業，對不起！是八大行庫才對。

銀行評估貸款的另一個重點是標的物本身的價值，也就是所謂的估價。因為內政部在民國一〇一年開始實施實價登錄，從此之後的不動產買賣都必須照規定申報並且登錄。在這之前，不動產買賣資訊相對不透明，甚至造成很多不良仲介賺差價，衍生出很多交易糾紛，所以，政府才會規劃實施實價登錄，區段式揭露買賣價格以及其他資訊，讓買賣雙方都能有一個參考依據。

實價登錄對於銀行來說，也是非常重要的參考依據。大部分的銀行會取實價登錄的中間值來評估，如果標的物本身條件不錯，例如：裝潢、樓層或地點等，那就有可能抓實價登錄的高點來計算。所以，銀行在估價的時候，大部分都會去現場直接勘查，看看附近有沒有什麼嫌惡設施、標的物現場裝潢漂不漂亮⋯等，都會納入考量，然後做出最終的估價結果。

這裡我們說的都是每坪單價，再依買賣標的物的總坪數去換算出總價。但要注意的是，銀行估算該標的物可貸金額，會依據銀行估價結果與買賣合約的價格取其低者。舉例來說，如果買賣合約價格是一千萬，但銀行估價認為該標的物價值也許值一千零五十萬，那麼最後銀行就會取低價一千萬來核准可貸金額。

現在幾乎所有銀行估價準則都會參考實價登錄，但其實實價登錄也會有盲點。舉例來說，如果現在房市剛好處於上漲階段，買方出價越來越高，搶著買房時，會發生實價登錄跟不上實際成交價的情形，因為如果買方現在買房價格屢創新高，但實價登錄必須在二到三個月之後才會揭露，所以，買方買房的當下，銀行在以實價登錄進行估價時，就會產生落差，銀行會認為實價登錄沒有紀錄，代表該區域沒有那個行情跟價格。如果單就一個案件，買方買貴就算了，整個地區買價都創新高時，就會造成銀行對房價上漲的反應太慢，買方貸款額度不足，連帶影響仲介跟代書，造成大家的困擾。

還有一種情形是不能說的祕密，那就是實價登錄是有可能造假的。有的買方或賣方基於種種原因，可能要規避稅金，可能要拉高貸款額度，正所謂賠錢生意沒人做，殺頭生意大家搶著賺，在利益當頭的情況下，鋌而走險作不實合約的情況也是時有所聞。

就我這幾年幫客戶找貸款的經驗來說，每家銀行都有每家銀行的特性，有的銀行利率就是比其他銀行低，但相對的估價就比較保守，或是借款人的條件審核就很嚴格，而有的銀行估價很好溝通，額度也很敢給，但利率就會比較高。有的銀行現金收入的客戶不做，有的銀行工業用地不做……，林林總總都考驗代書對銀行業務的熟悉度。最麻煩的是，原本這間銀行可能很好配合，但因為銀行主管都會輪調，所以，很有可能換了一個比較保守的主管，連帶地房貸放款業務也跟著保守，那麼這間銀行就很可能暫時先關進冰箱裡，等換了主管再拿出來解凍試看看。所以，找銀行真的是一門學問，銀行也是代書的一種資源，如果代書配合的銀行夠強，仲介會越無後顧之憂，自然找你簽約的機會就越多。

現在銀行放款業務人員也很辛苦，我們事務所三不五時就會有銀行人員來拜訪，跟我們推銷房貸業務，希望我們能跟他們銀行配合往來，這就跟代書去拜訪仲介店家要簽約機會是一樣的道理。所以，仲介跟代書、還有銀行之間就會形成一種很有趣的生物鏈，銀行跟代書要房貸承作機會↓代書跟仲介要簽約機會↓仲介需要銀行放款額度，大家環環相扣、同舟共濟，你說，是不是很有趣？

Buying a House

第七章 怎樣送房給子女才划算？

這天，事務所自動門叮咚一聲打了開，一陣明星花露水流洩的芬芳撲鼻而來，迎面是一個雍容華貴的老婦人，老婦人步履蹣跚但儀態端莊，說話緩慢但思緒清晰，感覺得出來老婦人非常的有教養，文化水平非常的高，老夫人姓貴，我都稱他為貴夫人。貴夫人一進門招了招手，就像在自己家裡呼喚管家似的，非常自然，我拿著名片趨前請貴夫人稍坐，我去倒茶水。我跟貴夫人面對面相視而坐，貴夫人喝了口茶不疾不徐的說：「許代書，我跟我先生年輕的時候就上來台北工作，我們開了一間公司做點小生意，我跟我先生都很努力，那時候時機也好，我們有賺了一點錢，現在我跟我先生都老了，子女也漸漸大了，我跟先生想將我們名下的財產做個分配，趁我們還在世，子女還會看在我們份上的時候，提早做個規劃，避免我們走了，子女們為了財產的事情鬧得不愉快。我們有三個子女，最大的在公家機關上班，老二在家裡公司幫忙，最小的兒子剛從國外畢業，學成歸國。原本我們在民國一〇六年的時候，就有先過了一間房子給最小的兒子，結果小兒子做生意缺錢周轉也不跟我們說，前陣子自己糊里糊塗就把房子給賣了，房子便宜賣了還不打緊，結果稅金竟然要繳二百多萬，過戶的時候明明就已經繳了不少稅金，怎麼還會有這麼多呢？我先生氣得心臟病發住院了。唉，都怪我教子無方，讓許代書你看笑話了，本來家醜最好不要外揚，但我跟先生都認為事有蹊翹，當初我們將房子過給小兒子的時候，想說我們兩個老有的是時間，所以沒找代書，都是我們自己辦的，沒想到竟栽了跟斗，許代書啊，我跟先生現在還是想將房產過戶給子女，麻煩你幫我規劃規劃，避免再發生這樣的事情，順便看看能不能省點稅金。」

貴夫人的案例，是很典型的前面做的少，後面賠得多。因為貴夫人在民國一〇六年時移轉不動產給小兒子，小兒子剛從國外回來，本身財力資歷不是很好，所以當初過戶的時候是直接用贈與的方式，再加上父母及當事人對於稅法沒有深入瞭解，以至於小兒子不知道，如果他取得父母贈與的不動產再出售時，會面臨什麼樣的問題？貿然出售的情況下，就是面臨龐大的稅金壓力，也讓父母將不動產分配給子女的美意大打折扣，甚至付諸東流。那麼，父母想做資產規劃，提前分配，該怎麼做比較好？或者，分配時及分配後會遇到什麼的稅金呢？請借過，讓專業的來！

將不動產移轉給小孩，買賣好、還是贈與好？

二親等的買賣移轉是很常見的諮詢問題，但通常真的會辦的機率不高，最主要是因為稅金的問題。一般爸媽年輕的時候辛苦打拼，賺了一些錢買了一些不動產，總希望能提前安排將財產留給下一代，以避免日後的紛爭。但往往因為年輕時持有不動產到現在，已經過了好久好久，期間土地公告現值漲價幅度驚人，造成土地增值稅非常非常重，再加上往往一般民眾都認為爸媽把房子過給兒女或兄弟姊妹之間的過戶應該相對簡單⋯⋯，其實錯了，真的錯了，二親等的移轉比一般人想像的複雜很多，且聽我說來。

親戚之間不動產的移轉，首先要確認彼此的親等關係，因為如果是二親等的移轉與二親等以外的移轉，處理方式跟考量規劃的重點會完全不一樣。親等的計算方式是這樣的：二親等是指從自己開始往上數，爸爸媽媽（一親等）到爺爺奶奶（二親等）；往下數，子女（一親等）到孫子女（二親等），往旁邊數，兄、弟、姊、妹（二親等），其他堂的、表的或乾的都不算在二親等內。還有配偶跟自己是合在一起看的，所以配偶的爸爸、媽媽、爺爺、奶奶、兄弟姊妹，都屬於你的二親等內（配偶的子女應該不用我再說明了吧…）。而二親等之間的買賣移轉過戶，必須依遺贈稅法規定要送國稅局申報贈與稅，有沒有贈與稅是一回事，但規定就是要申報！所以，問題就出在這裡，二親等過戶移轉有兩種方式，一是買賣，二是贈與。該用哪一種方式，簡單說，有急迫性想快速完成移轉過戶，不在乎稅金的，就可以直接選擇贈與。沒那麼趕著要過戶，想節省稅金的，可以選擇用買賣的方式。

接下來，我們再深入一點，這兩種方式各會是什麼樣的情形，以贈與來說，贈與的財產價值如果超過兩百四十四萬元，多出的部分會被課贈與稅，而不動產贈與其價值的認定就是房屋評定現值以及土地公告現值，所以，如果你要贈與的不動產兩者相加沒超過兩百四十四萬，那麼你就不會被課到贈與稅，可以直接用贈與的方式移轉。贈與總額每一年一月一日都會歸零重新計算，因此，有的親朋好友會教你如果贈與金額或價值超過兩百四十四萬元，可以分次分批逐年贈與，將每一年的贈與總額控制在兩百四十四萬

圖：二親等示意圖

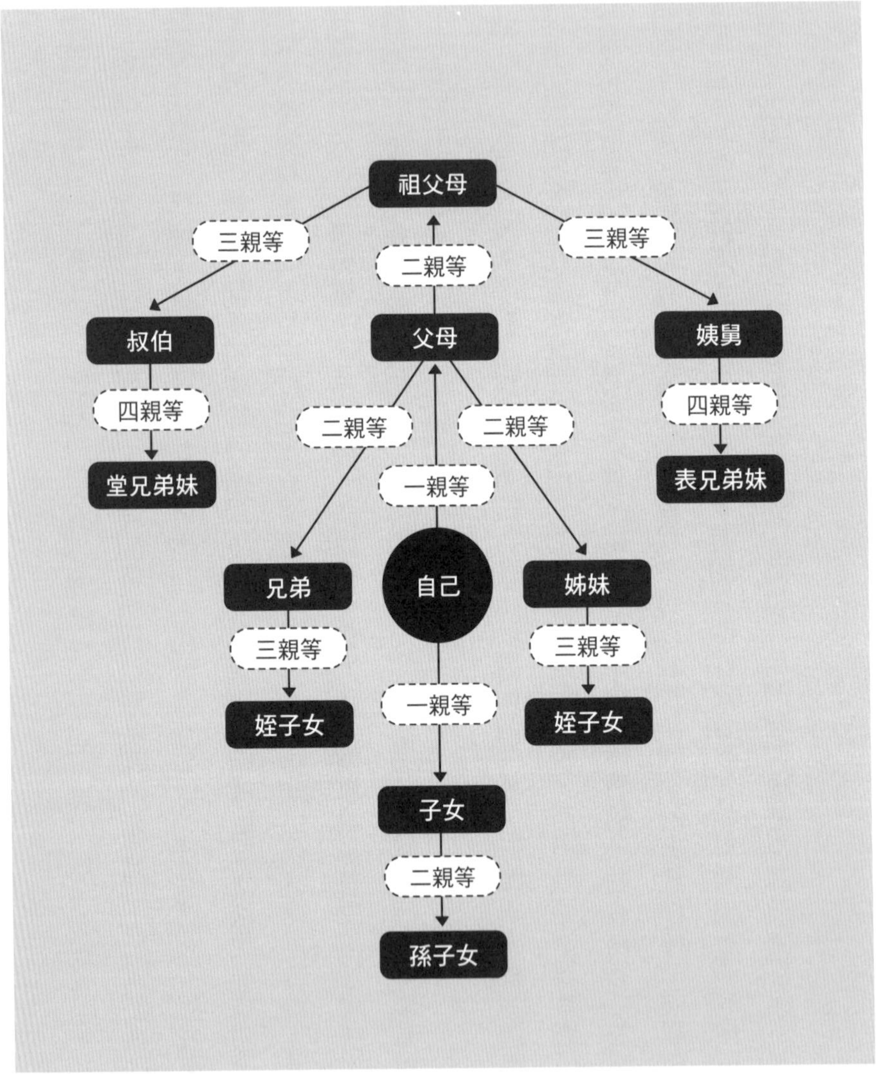

資料來源：作者提供

元內，就可以避免被課徵贈與稅。原則上沒有錯，但如果事情可以這麼簡單的話，地政士這張牌就顯得沒有價值了。分次贈與可以避免被課徵贈與稅，但同時要考量分次贈與的次數，因為你每一次贈與都要付代書費，辦一次也是萬把塊起跳，如果長輩已經退休了，想親力親為，不假手他人，並誓言斷了地政士財路，我也沒有任何意見。再來，如果贈與人名下有兩、三間不動產的話，分年贈與可能會有緩不濟急的情形。萬一贈與到一半，贈與人有什麼閃失的話，後續必須依繼承相關規定處理，有可能增加財產分配與繼承的難度，搞到子女之間產生糾紛、發生嫌隙，那就不好了。最後，贈與移轉該繳的土增稅、契稅、規費等，也是按比例計算繳納，總額跟一次過戶是一樣的，甚至土增稅還有可能年年調漲，加總起來比一次過戶完成還多很多。綜合以上幾點做個結論，分次贈與不是不好或不行，而是必須考量周全、規劃完善再下定論。

另外，還有很重要的一點，以贈與取得的不動產取得的價值跟成本很低，將來在賣的時候獲利空間就會變得很大，可怕的是房地合一稅就會變得很重，這是贈與前一定要知道事情，因為過戶完成後是沒有補救措施的⋯。舉個例來說，市價約八百萬的房子，也許公告現值才兩百萬，以兩百萬贈與取得，將來在賣的時候就算只賣七百萬，以房地和一計算方式是七百萬減兩百萬，等於五百萬，然後再扣除其他費用來計算稅金，再怎麼算，稅金都非常嚇人⋯。

稅金試算：贈與時公告現值200萬，將來賣700萬。700萬－200萬＝500萬

如果取得二年內賣出，稅率45%，成本700萬×5%＝35萬

稅金試算：700萬－200萬－35萬＝465萬×45%＝2092500元（應納稅額）

如果取得超過二年未滿五年賣出，稅率35%

稅金試算：700萬－200萬－35萬＝465萬×35%＝1627500元（應納稅額）

再來，我們要討論如果用買賣的方式來辦理過戶的話，會遇到什麼樣的問題？首先，買賣就必須要有實質上的買賣行為，**合約買賣價格可以雙方合意就好，但不得低於公告現值，否則會被國稅局認為你是假買賣真贈與**，然後買方必須真的拿錢出來買，當然自備款如果沒有那麼多，也可以用房子抵押給銀行借款，就跟一般買賣一樣（出賣人不得當買受人的保證人喔），為什麼要搞得那麼複雜？買賣雙方不都是認識的嗎？因為前面提到二親等的買賣要進國稅局申報，國稅局會審核買方的財力，會檢視這筆買賣的

金流，以避免假買賣之名行贈與之實，逃漏贈與稅。而說到國稅局審核金流這部分，又是另一個需要克服的難關，稍後會詳細說明。

以上兩種方式不管哪一種，過戶移轉基本的契稅、印花稅、土地增值稅照樣要繳。比較特別的是，如果用贈與方式，土地增值不能申請自用稅率，所以，如果所有權人已經持有很長一段時間，土地增值稅很重的話，也要將這點考慮進去。以上就二親等之間

表：二親等移轉比較表

	買賣	贈與
資金準備	重	輕
流程時效	慢	快
房地合一稅	輕	重
增值稅	可申請自用	不可申請自用
贈與稅	沒有	公告現值兩百二十萬內免稅，超過兩百二十萬部分十%

資料來源：作者整理

移轉的問題，概略跟大家做個報告。

二等親不動產買賣申報，有哪些眉角？

之前提到，案件如果必須進到國稅局審核，會有哪些事項需要注意的呢？先說說國稅局的業務範圍，包括特種貨物與勞務稅、貨物稅、期貨交易稅、菸酒稅、營利事業所得稅、贈與稅、加值型以及非加值型營業稅、遺產稅、綜合所得稅、證券交易稅⋯等，都屬於國稅局業務範圍，而其中又以贈與稅、遺產稅與綜合所得稅裡的房地合一稅，為代書執業比較容易碰到的項目，而契稅、房屋稅、地價稅或土地增值稅，則屬於地方政府的稅捐處，兩者務必要先區分清楚，以免跑錯地方就尷尬了。

再來，我們說說遺產稅，當被繼承人死亡時，我們必須先申報遺產稅才能送繼承登記，申報地點是被繼承人死亡時戶籍所在地的國稅局。申報遺產稅的時候，要將被繼承人全部的財產通通列入申報，房子、土地、車子或現金這些都很好申報，財產價值的認定也很容易計算，而股票、基金、保險、死亡前兩年內移轉的財產或銀行的保險箱，相對來說會比較麻煩，要準備的資料跟計算的方式都比較複雜。所以，被繼承人死亡時遺留的財產越多，申報的難度也就越高。雖然所有財產都要申報，但並不是所有財產都算在遺產總額裡，這當中有很大的學問，我以不動產舉例說明之。

如果是做農業使用的農業用地，又或是道路用地…等，可以不算在遺產總額裡面，又或者如果遺產是不動產，又有跟銀行貸款，貸款的餘額也是可以扣除的，只要能取得相關證明，都有可能可以節省一筆稅金喔！我就曾經申報過一個案件，遺產總額約兩千萬，加加減減後約須繳六十幾萬的遺產稅，後來申請土地使用分區證明，確定其中有幾筆土地是道路用地，扣除後反而在免稅額內，因此幫客戶省下了一大筆稅金。所以，拿到遺產清單的時候，如果落落長的一長串，要記得仔細調閱相關資料，確定是否可以不算在遺產總額裡。可以不納入遺產總額的財產相關資訊，在國稅局網站都可以查詢得到，但是你在申報時要主動證明，國稅局承辦人員只會被動審核，不會主動幫你過濾。還有審核的國稅局承辦人也是一個關鍵，有的很好溝通，有的像是活在平行時空一樣，不誇張。我曾經遇過一次，送件的時候被承辦人員打槍，連收都不收，看都不看，整疊叫我拿回去，我隔天再去送一次，所有資料一模一樣，原封不動，三十分鐘後熱騰騰的完稅證明就核發下來，唯一的差別就是櫃台審核人員換了一位…。申報完畢後，會拿到一張藍色的遺產稅完稅證明，這張很重要，在之後不管是不動產或股票、車子、現金⋯⋯等，要移轉都要附上這張完稅證明。以上就遺產稅的申報很粗淺的說明個大概。

贈與稅的申報每人每年有兩百四十四萬的贈與免稅額，贈與人不論贈與給誰，也不論贈與多少人，只要贈與總額超過兩百四十四萬，超過部分就會被課徵贈與稅。如果贈與總額沒超過免稅額，原則上也不用申報。贈與稅的申報跟遺產稅很像，財產價值的認定也差不多，連申報書都很像。比較特別的是，之前提到過的二親等買賣，案件要進國稅局審核，審核的重點就是買方是否真有能力購買該標的物？如果國稅局認為買方根本沒財力購買，那就會被認定是屬於贈與行為。這個時候國稅局審核的，第一個就是看買方的收入，以及買方的自備款是怎麼來的。如果該筆買賣的買方有跟銀行貸款，買方是否付得出房貸？還有一個非常重要的重點，如果買方平常是現金收入，例如市場擺攤或是其他領現的，這樣的財力證明國稅局是會打槍的。曾經有國稅局的承辦人員跟我說過，因為現金收入的族群平時已經沒繳納綜所稅了，如果現在贈與稅讓他們輕鬆過關，豈不是天理不容⋯。所以，如果真的是現金收入，那就要補報綜所稅，國稅局才會認可你的收入，以上是我詢問國稅局後得到的答案。

二等親不動產買賣，價格該如何決定？

二等親的買賣還有一個要注意的地方，合約的價格如何決定？一般來說，二親等的買賣大部分的用意還是資產提早移轉，用買賣的方式就是要節省稅金，而合約價格只要雙方合意，講好就好，最低不要低於公告現值就可以。而因為考量到將來子女在出售的時候有房地合一稅，所以合約價格要如何訂定，一般來說，我會先請銀行估價，依銀行認定的價格來決定買賣合約的價格。這樣做有兩個好處，第一個子女取得後再轉賣，取得價格不至於與市場價格差太多，房地合一稅不至於太重。第二個依銀行估價確認合約價格，如果買方需要貸款，至少也可以貸八成或更高，不至於有銀行估價跟買賣合約價落差的問題。合約價格確定後，如果買方的貸款加自備款不夠支付買賣價金，有一種方式可以解決，就是在買賣合約書裡註明「賣方願意以當年度贈與免稅額扣除買賣價金兩百二十萬」，意思就是說賣方同意買方可以少付兩百二十萬元。

舉例來說，子女想跟父母購買不動產，因為父母持有時間已經很久了，土地增值稅非常重，所以，打算用買賣的方式來辦理（**贈與過戶土增稅不能申請自用稅率喔**），但子女雖然有薪資收入，本身卻沒什麼存款，這時候買賣合約價格我就會訂在八百萬左右，然後父母以當年度贈與額內扣除兩百萬元買賣價款，子女只需拿出六百萬元，再用該標的物抵押借款六百萬元，如此一來，子女就算沒自備款，也可以買賣方式過戶。在實務方面，申報贈與稅的時候，國稅局會要求買方切結，切結內容大意是說：買方買這間房子要先辦過戶，然後再抵押給銀行借款來付買賣價金，懇請國稅局先行放人，喔，不！是先暫予核准……等。然後等整個案件過戶完成，銀行撥款後，還要將相關撥款金流彙整給國稅局審核銷案，確認國稅局沒問題後，整個案件才算告一段落。

親等的計算規定如下：

民法親屬篇第九六七條

稱直系血親者，謂己身所從出或從己身所出之血親。

稱旁系血親者，謂非直系血親，而與己身出於同源之血親。

民法親屬篇第九六八條

血親親等之計算，直系血親，從己身上下數，以一世為一親等；旁系血親，從己身數至同源之直系血親，再由同源之直系血親，數至與之計算親等之血親，以其總世數為親等之數。

民法親屬篇第九六九條

稱姻親者，謂血親之配偶、配偶之血親及配偶之血親之配偶。

民法親屬篇第九七〇條

姻親之親系及親等之計算如左：

一、血親之配偶，從其配偶之親系及親等。

二、配偶之血親，從其與配偶之親系及親等。

三、配偶之血親之配偶，從其與配偶之親系及親等。

贈與稅稅率：

一、免稅額：每年兩百四十四萬元。

二、課稅級距金額：

1. 贈與淨額兩千五百萬元以下者，課徵十％。

2. 超過兩千五百萬元至五千萬元者，課徵兩百五十萬元，加超過兩千五百萬元部分之十五％。

3. 超過五千萬元者，課徵六百二十五萬元，加超過五千萬元部分之二十％。

贈與稅稅率會依物價指數浮動，贈與前務必查詢「財務部賦稅署公告」當年度贈與免稅額等相關資料。

Buying a House

第八章 不動產相關稅金介紹

有一次我承辦的案件發生了一些糾紛，而且很特別的是，糾紛的當事人不是案件的買方跟賣方，而是賣方跟仲介。糾紛發生的時間點是在交屋的時候，整個買賣移轉過程其實都非常順利，買方款項如期匯進履約保證專戶，標的物產權也確實移轉給買方，沒有任何問題，那為什麼會有糾紛呢？

那一天的情形我記得很清楚，交屋的時候我照慣例，將雙方文件清點、費用分算，一切看似就要完美落幕，但在最後跟屋主確認履約保證專戶所支出的款項以及最後結餘金額時，問題就這麼發生了。當我在跟屋主說明履約保證專戶所支出金額包含房屋稅、地價稅以及土地增值稅時，屋主愣了一下，屋主說當初明明跟仲介說好，賣價不包含稅金，合約價格就是屋主要實拿的價格，一些零碎的費用就算了，房屋稅、地價稅以及土地增值稅說好是買方要出的，為什麼從履保專戶去扣掉了？屋主很生氣，事情很嚴重！我跟屋主解釋說：「通常仲介在跟買方或屋主談價格時，代書不會參與，所以，你們之間有什麼約定，代書不一定會知道，再加上如果仲介沒有特別交代，代書當然按照一般交易習慣去處理案件。再來，土地稅法裡有明文規定，土地增值稅本來就是由屋主負擔，所以，我從屋主的履約保證專戶出款繳納並沒有不對。」屋主沒辦法接受，當場就跟仲介翻臉，仲介一直跟屋主解釋當初有說賣價包含稅金，法律有規定屋主本來就要繳納土地增值稅，而且仲介業務還將服務費確認單拿出來，上面清楚寫著屋主實拿金額多少包含土地增值稅等字樣，屋主看了看服務費確認單之後說：「我怎麼知道土地增值稅是我要出的？我以為土地增值稅是買方要出的，所以我才會簽啊⋯。」總之，千錯萬錯都是別人錯，屋主大發雷霆、怒不可遏，後來逼得主管出面，算一算這案件的房屋稅、地價稅以及土地增值稅，加一加大約十萬元左右，最後就由仲介公司退還五萬服務費，剩下五萬屋主自行吸收，將這件事情作個了結。可憐的仲介，無緣無故業績又少了五萬，只能說「秀才遇到兵，有理說不清」啊！

中華民國千秋萬載，萬稅萬稅萬～萬～稅！咳…不好意思，每次簽約的時候跟買賣雙方說明各自應負擔的稅金時，總有些老一輩的人喜歡講這順口溜，我只能回他一個尷尬但不失禮貌的微笑…。好的，這個章節為各位介紹有關中華民國對於不動產所課徵的相關稅金。稅金的種類大致上可區分為不動產持有期間所必須繳納的稅金，以及因移轉而產生的稅金這兩大類。以我的實務經驗來說，每次買賣案件辦到最後交屋的時候，代書會幫買賣雙方切算稅金，這時候很多買方會有個疑問：「代書啊，辦理過戶的時候我不是有繳過稅了嗎？為什麼交屋的時候還要再跟屋主分攤稅金？我不姓楊，你不要扒我兩次皮喔！」我總得耐著性子回答：「我是正派經營、做口碑的代書，放心好了，你就算姓楊，我也不會扒你兩次皮…。」言歸正傳，不動產持有期間所繳納的稅金為房屋稅與地價稅，因移轉而產生的稅金則有契稅、印花稅、土地增值稅跟房地合一稅，也就是說過戶所繳的稅與之後交屋分算的稅是兩種不同的稅金。

房屋稅—增建部分是否要納稅？有稅籍就是合法增建？

在講房屋稅之前，先跟大家說一個故事。我鄉下的親戚有一天打電話給我，霹靂啪啦，操著一口臺灣國語又混著臺語，他講得很高興，我聽得很吃力，翻譯出來的意思大概是說，親戚收到稅捐處的通知，內容是說親戚的房屋有增建，使用面積比原本的大，增建的部分依法要課徵房屋稅…云云。親戚問我是真的、還是詐騙集團？我回說：「政府有時候跟詐騙集團沒什麼兩樣。」喔！對不起，一時心直口快，說了實話…。跟大家說明一下，房屋稅條例有規定：房屋稅係以附著於土地之各種房屋以及「有關增加該房屋使用價值之建築物」為課徵對象，並以實際使用情形按不同稅率課徵。也就是說，房屋在建造完成後要申報房屋稅稅籍，稅捐處會依申報資料計徵房屋稅，但如果之後納稅義務人有將該房屋施以增加使用價值的行為（就是所謂的增建），納稅義務人必須依法另外申報稅籍與繳納房屋稅，而且稅捐處每年都會清查稅籍資料，比對現況與當初申報資料，例如：面積、使用情形或樓房層數等。如果發現確實有增加使用價值的建築物，便會依法發單徵收房屋稅。但是！但是！但是！千千萬萬要記住，**增建部分依法申報稅籍繳納房屋稅，該增建部分依然是違章建築，並不會因為你有納稅增建部分就變合法，增建部分要合法，還是要透過建築法規依法變更使用執照才行喔**！繳錢不會讓你變合法，而且一樣有可能會被報拆，你說政府跟詐騙集團差在哪裡？

還有一種情況，有一次台中的朋友私訊問我，他媽媽在跟鄰居閒話家常、鬼扯蛋的時候，鄰居不知道是假抱怨、真炫耀，還是什麼的，提到她兒子之前在市區買了一間新房子，現在收到房屋稅稅單要繳好幾萬塊。年輕人買房子本來就很辛苦了，每年還要繳那麼多稅，真是…，鄰居一臉驕傲地說。朋友的媽媽心想：「房屋稅？！之前我也有在繳，最近幾年怎麼好像都沒有收到稅單？」朋友的媽媽細思極恐，以為房子被朋友那沒良心的爸爸偷偷給過掉了，所以沒收到稅單。或是萬一真的欠繳稅金，房子會被法拍，一家老小怎麼辦？朋友的媽媽一下坐立難安，趕快催促兒子，也就是我朋友，請我幫忙查一下，釐清案情。我問了幾個簡單的問題後，心裡大概就有了個底。先說明一下，房屋稅是依房屋評定現值來課徵，而房屋評定現值會因折舊而逐年降低。如果房屋均作為住家使用，且房屋評定現值遞減到十萬兩千元以下，即可免徵房屋稅。這是政府的美意，如果你的房子屋齡超過三十年，然後因為折舊，現值低於十萬左右，又是做住家使用，為了課徵你的稅金所花的成本遠比收回來的稅金低，政府寧可不做事，也不想做白工，所以，乾脆就不課了，放你一馬。我跟朋友解釋完後，朋友很開心的跟媽媽說：「老媽，你可以放心了！原來是政府認為我們家太老舊、破爛了，沒有價值，所以不用繳房屋稅，這跟爸爸沒關係啦⋯⋯。」事後我很想跟朋友確認她媽媽聽到這消息時當下的表情，但朋友卻從此再也不提這件事。

關於房屋稅，我們來看看硬梆梆的公式說明：

應納稅額＝房屋課稅現值×稅率

房屋課稅現值＝核定單價×面積×（1－折舊率×折舊年數）×街路等級調整率（地段率）

核定單價＝標準單價×（1＋各加減項之加減率）＋樓層高度之超高或偏低價

不用管那麼多，基本上我們只要記住第一行就可以了，「房屋課稅現值×稅率」計算出來的金額就是要繳的稅金。

房屋課稅現值是地方政府依據房屋起造人所提供的建造資料，再由不動產評價委員會評定的「房屋標準價格」來核計房屋現值。

評定標準如下：

1. 按各種建造材料所建房屋，區分種類及等級。

2. 各類房屋的耐用年數及折舊標準。

3. 按房屋所處街道村里的商業交通情形及房屋的供求概況，並比較各該不同地段之房屋買賣價格減除地價部分，訂定標準。

房屋課稅現值，簡單說就是政府依規定公式計算的，一般老百姓不用想那麼多，也沒得討價還價。只要記得，房屋屋齡越新，造價越高，房屋評定現值也就高；房屋屋齡越舊，房屋評定現值也就低，所以，很有可能新成屋的小坪數套房，其房屋稅遠比舊公寓或老透天來得多，這種案例比比皆是。

而「房屋稅稅率」就很特別，因為可以由直轄市及縣（市）政府視地方實際情形，在規定稅率範圍內，分別規定房屋稅徵收率。

1. 住家用房屋：供自住或公益出租人出租使用者，為其房屋現值百分之一點二；其他供住家用者，最低不得少於其房屋現值百分之一點五，最高不得超過百分之三點六。各地方政府得視所有權人持有房屋戶數訂定差別稅率。

題外話，傳說中的囤房稅就是依據這條來的，但真正有在實施囤房稅的只有台北市、宜蘭縣跟連江縣。

2. 非住家用房屋：供營業、私人醫院、診所或自由職業事務所使用者，最低不得少於其房屋現值百分之三，最高不得超過百分之五；供人民團體等非營業使用者，最低不得少於其房屋現值百分之一點五，最高不得超過百分之二點五。

3. 房屋同時作住家及非住家用者，應以實際使用面積，分別按住家用或非住家用稅率，課徵房屋稅。但非住家用者，課稅面積最低不得少於全部面積六分之一。

房屋如果沒有特別做公司登記或其他出租營業用，房屋稅本來就是住家用稅率，不用另外去做申請。雖然房屋稅條例開放地方政府可以在範圍內訂定房屋稅稅率，但幾乎全臺灣都以規定內的最低稅率來徵收，是真的體恤老百姓、還是選票考量？我想兩者都有吧⋯。再來，房屋稅還有另一個很特別的地方，就是它的繳納期間是每年五月一日到五月三十日，徵收期間是前一年七月一日至當年六月三十日。今年繳的房屋稅是去年的，而且在不動產移轉時，還會隨之課至訂約日上個月份的房屋稅，聽起來很複雜，實際上也真的很難跟沒經驗的買賣方解釋清楚。總而言之，房屋評定現值×稅率計算出來就是每年要繳的房屋稅。房屋稅是每年都要繳納的，如果不動產因買賣而移轉，就要分算房屋稅，依據交屋日按天數計算買賣方各自應負擔的金額，切算完之後就沒有屋主的事了，而買方下次收到房屋稅稅單就是從訂定契約的上個月起算房屋稅。另外，如果納稅義務人忘了繳納房屋稅，照規定會被罰滯納金，但在實務上，如果還沒超過很久，可以與稅捐處商量重開稅單，並展延繳納期限，就不會被罰滯納金，小小技巧不無小補。

地價稅──有兩間以上不動產，全都可以申請自用稅率嗎？

每次簽約或簽完約的時候，我會跟屋主確認土地增值稅要申報一般稅率、還是自用稅率，通常屋主會回我說：「啊，我每年都是繳自用稅率呀，不是本來就是自用嗎？」先跟各位說明一下，每年繳的叫地價稅，因移轉而衍生的叫土地增值稅，兩者務必要區分清楚。另外，在交屋的時候，有的買方會問我：「如果我有兩間房子，太太名下也有一間房子，這三間房子的地價稅全部都可以申請自用住宅稅率嗎？」

我們就來看一下地價稅。地價稅的課稅對象是已規定地價的土地，除課徵田賦者外，皆應課徵地價稅。**平均地權條例第十三條：本條例施行區域內，未規定地價之土地，應即全面舉辦規定地價。但偏遠地區及未登記之土地，得由直轄市或縣（市）主管機關劃定範圍，報經中央主管機關核定後，分期辦理。**也就是說，全臺灣理論上沒有未規定地價的土地，通通都要課徵地價稅。

那什麼是田賦？對未規定地價區域的土地或已規定地價區域符合土地稅法第二十二條規定作農業使用之土地，應課徵田賦。但田賦已停徵多年，且從未討論過是否復徵，原則上不用特別在意。

地價稅是採用累進稅率計算，也就是將納稅義務人名下土地的地價全部加總起來，看看有沒有超過累進起點地價，然後再依照相對稅率計算出來。計算方式相對於房屋稅來說複雜很多，房屋稅只要查出房屋現值就可以輕易計算出來，地價稅要加總土地所有權人在各該直轄市或縣（市）土地面積的總面積，然後再依超過累進起點地價的稅率來計算。

地價稅一般用地稅率

第一級：應徵稅額＝課稅地價（未超過累進起點地價者）×稅率（10‰）

第二級：應徵稅額＝課稅地價（超過累進起點地價未達5倍者）×稅率（15‰）減累進差額（累進起點地價×0.005）

第三級：應徵稅額＝課稅地價（超過累進起點地價5倍至10倍者）×稅率（25‰）減累進差額（累進起點地價×0.065）

第四級：應徵稅額＝課稅地價（超過累進起點地價10倍至15倍者）×稅率（35‰）減累進差額（累進起點地價×0.175）

第五級：應徵稅額＝課稅地價（超過累進起點地價15倍至20倍者）×稅率（45‰）減累進差額（累進起點地價×0.335）

第六級：應徵稅額＝課稅地價（超過累進起點地價20倍以上者）×稅率（55‰）減累進差額（累進起點地價×0.545）

地價稅特別稅率

自用住宅用地、勞工宿舍用地、國民住宅用地2‰

公共設施保留地6‰

工業用地、加油站、停車場（不含臨時路外停車場用地）等事業直接使用之土地10‰

公有土地（按基本稅率徵收）10‰

除非真的是大地主，不然一般人地價總額很難會超過累進起點地價，都是按照基本稅率，也就是千分之十計徵。地價稅跟房屋稅都是每年課徵的稅金，屬於財產稅的一種，而在不動產移轉的時候，房屋稅不用特別去申請自用住家稅率，因為它本來就是住家用，除非有做營業或出租使用。但是地價稅在每次移轉後，都必須由所有權人主動提出申請，經稅捐處審核通過後，才會變成自用住宅用地稅率。自用住宅用地稅率是地價稅的特別稅率，稅率為千分之二，地價稅基本稅率為千分之十，兩者相差五倍。也就是說如果每年地價稅是繳一萬元，申請自用住宅用地稅率後會變成兩千元，兩者相差很多，要送錢給政府，還不如省下來，多買一些奢侈品促進經濟循環，所以，建議大家能申請就儘量申請。回到剛剛的問題，如果納稅義務人有兩間或三間房子，甚至更多不動產，有辦法全部申請地價稅自用嗎？答案是：要斟酌納稅義務人家庭狀況。

首先，地價稅自用住宅用地稅率有一個基本條件，土地所有權人或其配偶、直系親屬於該地設立戶籍。另外又有一項規定：土地所有權人或其配偶及未成年受扶養親屬以一處為限。魔鬼藏在細節裡，第一個設籍條件，除了本人與其配偶外，直系親屬設籍也！可！以！翻成白話文就是本人的爸爸、媽媽、爺爺、奶奶，以及配偶的爸爸、媽媽、爺爺、奶奶或是已經成年的子女設立戶籍，都可以符合第一個設籍規定，而且這些長輩設籍又不受土地所有權人或其配偶以及未成年受扶養親屬以一處為限的規定。結論就是如果你有很多不動產，可以商量爸爸媽媽或爺爺奶奶將戶籍仔細分配，以所有不動產都能適用地價稅自用稅率為終極目標來做規劃。那如果真的沒那麼多人可以情義相挺，或自用住宅用地面積超過規定的時候怎麼辦？那也只能退而求其次，選擇地價稅最貴的那間不動產設籍，既然只能選一間或兩間，當然從效益最大的下手囉。而地價稅申請自用住宅稅率必須在每年的九月二十二日前提出申請，如果逾期申請，會變成隔年度才以自用稅率計徵地價稅，一整年不是自用，就是一般稅率，稅捐處不會按比例月份課徵，這點要特別注意。

地價稅自用住宅稅率條件：

1. 地上房屋為土地所有權人或其配偶、直系親屬所有者為限。
2. 土地所有權人或其配偶、直系親屬在該地辦竣戶籍登記。
3. 地上房屋沒有出租或營業情形的住宅用地。
4. 土地所有權人與其配偶及未成年之受扶養親屬，以一處為限。
5. 都市土地面積以三百平方公尺為限，非都市土地面積以七百平方公尺為限。

地價稅開徵期間是每年十一月一日，繳納期間為十一月一日到十一月三十日，計算期間是當年一月一日到十二月三十一日，比房屋稅容易理解很多，在交屋分算的時候也很容易說明。

地價稅以每年的八月三十一日為納稅義務基準日，意思就是說每年八月三十一日的土地所有權人就是納稅義務人，這在買賣交屋分算的時候要特別注意，該年誰收到稅單就由相對人補貼稅金，因收到稅單的納稅義務人繳納稅金是繳納整年度的。代書及買賣雙方都要小心，避免收到稅單時產生爭議。這裡有一個小插曲，我在民國一〇九年九月有接到一通老客戶的電話，他很緊張的跟我說他的銀行帳戶被凍結了，詢問之下才知道是民國一〇八年的地價稅沒繳，可是交屋的時候不是有繳了嗎？剛做代書的時候接到這種電話，我都很緊張、很挫，以為自己又算錯什麼了，後來就漸漸麻痺、無動於衷了。我慢條斯理的將已經歸檔的資料翻找出來，通盤瞭解後，我這麼回答客戶：「某某大哥你好，本案件過戶完成日期是民國一〇八年八月五日，照規定一〇八年的地價稅是您會收到稅單，你必須要繳納，屋主當初在交屋時，已經有按比例將部分地價稅以現金補貼給你，所以，跟屋主已經沒有關係了，這是第一點。第二點，一般地價稅稅單是寄到納稅義務人的戶籍所在地，如果你沒住那邊的話，很可能沒收到，而稅金如果拖太久沒繳，是真的有可能會被強制執行的。不過，你也不用太擔心，趕快去稅捐處申請補發稅單，然後趕快去繳就可以了。」客戶聽完後，手刀飛奔到稅捐處申請補單繳納，同時更改稅單寄送地址，又一次完美的售後服務，我微笑心想著……。

契稅、印花稅、登記規費─所有契約都會有契稅嗎？登記規費是怎麼收的？

不動產買賣的時候，買方必須依規定申報繳納契稅、印花稅以及登記規費，有買過房子的人都會知道，但什麼是契稅？印花稅？一般人卻說不太明白。

‧契稅

契稅指的是房屋因買賣、承典、交換、贈與、分割或因佔有而依法取得所有權移轉時，取得權利之人依照契價向稅捐稽徵機關申報繳納的稅金，叫做契稅。契稅的計算公式很簡單：契稅稅額＝核定契價×稅率核定契價跟房屋評定現值很像，都是政府依照公式計算出來的，而且核定契價是依房屋評定現值帶入公式算出來的，先有房屋評定現值，然後才會有契價。而不管是地政士或一般民眾去地政事務所辦理不動產過戶的時候，都必須用公家機關規定的契約書來辦理流程，公家機關用的契約書就叫做公契，一般私人在簽約的契約書就叫私契。公契上面用國字大寫的金額就是傳說中的契價。

契稅的稅率：

1. 買賣契稅為其契價百分之六。
2. 典權契稅為其契價百分之四。
3. 交換契稅為其契價百分之二。
4. 贈與契稅為其契價百分之六。
5. 分割契稅為其契價百分之二。
6. 占有契稅為其契價百分之六。

契稅條例另外有規定，在開徵土地增值稅區域之土地，免徵契稅。因為土地已經有課徵增值稅了，為避免重複徵收，所以土地不用繳納契稅。有些單純土地的買賣或是土地上有未辦保存登記建物，不用繳納契稅就是這原因。

另外，實務上有一個小小節省契稅的技巧，在收到契稅稅單的時候，稅單左邊中間的地方會有兩個價格，一個是移轉價格，一個是契稅標準價格，這兩個價格有時候會不一樣，如果稅捐處是用比較高的那個價格計徵契稅，可以跟稅捐處承辦人員溝通，爭取用比較低的價格計算。現在買房子要背房貸已經很辛苦了，能省多少算多少吧！

•印花稅

印花稅起源於日據時代，是一種非常古老的稅種，當初是因為原物料非常短缺，要取得或使用紙張都必須非常慎重，所以要另外繳稅。而為了證明你已經有繳過稅了，就會在紙張上面貼印花，這就是印花稅的由來。後來演變至今，只有印花稅法規定的應稅憑證才需要繳納印花稅。

需要課徵印花稅的憑證總共有四種：

1. 銀錢收據：指收到銀錢所立之單據、簿、摺。凡收受或代收銀錢收據、收款回執、解款條、取租簿、取租摺及付款簿等屬之。但兼具營業發票性質之銀錢收據及兼具銀錢收據性質之營業發票不包括在內。如係書立收到票據（包括支票、匯票、本票）所出具之收據，非屬銀錢收據，免用印花稅票。
2. 買賣動產契據：指買賣動產所立之契據。
3. 承攬契據：指一方為他方完成一定工作之契據；如承包各種工程契約、承印印刷品契約及代理加工契據等屬之。
4. 典賣、讓受及分割不動產契據：指設定典權及買賣、交換、贈與、分割不動產所立憑證，以向主管機關申請物權登記之契據。

印花稅稅率：

銀錢收據按金額千分之四計算

買賣動產契據每件稅額新台幣十二元

承攬契據按金額千分之一計算

典賣、讓受及分割不動產契據按金額千分之一計算

在一般不動產買賣實務裡，買方負擔的印花稅包括建物移轉公契、土地移轉公契、及代書費用收據這幾種，而印花稅實際計算下來金額其實不大，所以，只要知道不動產買賣要繳納印花稅就好。

題外話，印花稅的稅收是歸屬地方政府，而因為印花稅徵收性質長期以來一直被廣泛討論，很多專家學者認為印花稅有重複課稅的嫌疑，應該要廢除印花稅。我很訝異什麼時候我們的專家學者竟然可以跟社會接軌，說出符合一般民眾期待的話，我非常的樂觀其成，也一直等待中央政府發布命令。但剛才提到了，稅收是地方政府在收，如果輕易廢除的話，恐影響地方政府收支狀況，茲事體大，所以，地方政府希望中央政府能先有良善完整的配套措施來補足地方空缺的稅收，這麼一來一往之間，到底什麼時候會正式廢除印花稅呢？讓我們繼續看下去～。

•登記規費

到地政事務所辦理登記，地政事務所會依照登記規則裡的規定計收登記規費，登記規費有四種：

1. 登記費：土地法規定聲請為土地及建物權利變更登記，應由權利人按「申報地價」或「房屋現值」或「權利價值」的千分之一繳納登記費。他項權利內容變更登記，除權利價值增加部分依增加之權利價值千分之一繳納登記費外，免納登記費。除了建物所有權第一次登記及土地總登記是按權利價值或申報地價千分之二計收外，其餘都是千分之一。
2. 書狀費：所有權狀、他項權利證明書等，一張權狀新台幣八十元。
3. 工本費：申請登記簿謄本或地籍圖謄本或其他以電腦列印之資料所收之工本費，一張新臺幣二十元。
4. 閱覽費：一般民眾或當事人申請閱覽、抄錄、攝影登記簿或其他附件或其他資料等，會酌收閱覽費，基本一個案件新臺幣七十五元，如果需要影印費用另算。

登記費是依登記權利價值的千分之一計算，房屋依房屋現值土地依申報地價，比較要知道的是抵押權的設定登記，是依設定金額的千分之一計算。也就是說如果跟銀行貸款或私人之間借貸，設定的金額越高，規費也就越重。而有些民間放款公司比較無良的，設定金額會拉得很高，這對本來就缺錢到需要跟民間放款借貸的人無疑是加重負擔。

契稅、印花稅及登記規費在不動產買賣裡都是由買方負擔，在購置不動產衡量預算的時候，也要加計下去，避免買房子的時候高高興興、開開心心，結果繳稅的時候入不敷出，那就不好了。

土地增值稅—什麼樣的情況下要繳土地增值稅？土增稅自用稅率用過了就不能再用了嗎？

土地增值稅，是一種大家朗朗上口，但似懂非懂的一種稅金，是不動產買賣移轉時唯一一個以賣方為納稅義務人的稅金。土地增值稅是根據土地所有權人持有期間土地的漲價幅度來課徵的稅金，因為金額龐大，再加上相關規定繁瑣，所以，比起契稅、印花稅、登記規費等，我個人建議要花更多心思來瞭解土地增值稅這一塊。

在實務上，最常遇到有關土地增值稅的問題，就是要用一般稅率、還是自用稅率？我甚至遇過屋主強烈要求要用自用稅率計徵土地增值稅，不然屋主寧可不賣解約，最主要就是一般稅率跟自用稅率兩者稅金相差至少一半以上，尤其是土地持分大的透天厝或土地買賣等，很有可能從百多萬的稅金降到四、五十萬，所以，對於賣方來說，自用或一般稅率差別非常非常大。另外，早期有一些不動產買賣，尤其賣方是老人家的時候，他們都習慣講：我要「賣清的」，但不是賣清粥小菜，也不是賣清水冰棒，意思是說屋主的價格是不論所有稅金及費用有多少，他都不管，他開出來的價格就是他最後要拿到的金額，這時候土地增值稅的計算就非常重要。如果有落差的話，就很有可能會引起買賣糾紛，最後難以收拾，搞得天怒人怨。

• 什麼樣的情況之下要繳土地增值稅？

土地稅法第二十八條

已規定地價之土地，於土地所有權移轉時，應按其土地漲價總數額徵收土地增值稅。但因繼承而移轉之土地，各級政府出售或依法贈與之公有土地，及受贈之私有土地，免徵土地增值稅。

土地稅法第二十八之一條

私人捐贈供興辦社會福利事業或依法設立私立學校使用之土地，免徵土地增值稅。但以符合左列各款規定者為限：

一、受贈人為財團法人。

二、法人章程載明法人解散時，其賸餘財產歸屬當地地方政府所有。

三、捐贈人未以任何方式取得所捐贈土地之利益。

除了這兩條法條以外，在土地稅法第三十九條及三十九條之一也有針對被徵收之土地及區段徵收之土地免徵土地增值稅的相關規定。

綜上所述，除了繼承或是送給政府或政府送給你的土地，以及私人捐贈供興辦社會福利事業或依法設立私立學校使用之土地，還有被徵收、區段徵收等免徵土地增值稅以外，通通要課徵土地增值稅。但土地增值稅有一種情形叫做「不課徵」土地增值稅，什麼叫做「不課徵」？它與「免徵」有何不同？所謂「免徵」的意思是說，這一次的土地移轉原本應該繳納的土地增值稅，稅捐處「免予徵收」，相對人取得土地後再移轉時，僅以其持有期間計算漲價總數額課徵土地增值稅。所謂的「不課徵」意思是說，這一次的土地移轉該繳納的土地增值稅，稅捐處「暫不課徵」，相對人取得該土地後再移轉時如果符合規定，可以繼續申請不課徵，但如果不符合規定而必須課徵土地增值稅的話，必須回推到第一次不課徵土地徵值稅那時候的基準，一直累加計算到最後賣出時的土地漲價總數額來課徵土地增值稅。免徵就是免徵，很乾脆，不用煩惱太多，但如果買方買到的土地是屬於不課徵土地徵值稅的話，就必須考量日後如果土地變更使用不能繼續申請不課徵土地增值稅，那將來的稅金是否會太重，要三思而後行了。

• 土地增值稅的節稅規劃

再來是土地增值稅的自用稅率，既然土地徵值稅一般稅率與自用稅率相差那麼大，那能申請自用當然要儘量申請啊！所以，這裡就要教大家如何做土地增值稅的節稅規劃。土地增值稅自用稅率有兩種，一種是一生一次，一種是一生一屋。它是有先後順序的，納稅義務人必須已經申請過一生一次，才可以申請一生一屋。一生一屋，顧名思義就是所有權人及配偶、未成年子女名下只能有一間房子。所以，就算已經用過土地增值稅自用稅率，如果符合一生一屋的資格，還是有機會再次使用自用稅率，只是一生一屋的適用條件，比起一生一次審核更為嚴格。

好，精彩的來了，現在我們來假設一下，第一種情形：如果A先生名下有兩間房子準備賣掉換現金，不考慮將來再買房子的情況之下，可以第一間土地增值稅先用一生一次的自用稅率，第二間再用一生一屋，這樣兩間房子都可以用土地增值稅自用稅率。

第二種情形：A先生有配偶，而且小孩都已經成年了，如果A先生名下有三間房子都想用土地增值稅自用稅率，會遇到什麼問題？如果A先生賣掉一間房子用土地增值稅一生一次自用稅率，那麼A先生還剩兩間房子，之後要再賣第二間時就不符合一生一屋的規定，怎麼辦？別緊張，當A先生用自用稅率先賣掉第一間房子剩下兩間房子後，只要先將其中一間以贈與方式過戶給太太，用太太的一生一次土地增值稅自用稅率來賣掉這間房子，最後A先生再賣最後一間房子的時候，就可以適用一生一屋的相關規定。因為配偶相互贈與不用課徵贈與稅，也不用課徵土地增值稅，基本上不會有什麼成本，頂多就是代書費而已，而代書費跟節省下來的土地增值稅相比，只能說再怎麼傻也知道要花這筆代書費。

最後一種情形：如果A先生名下有四間房地或以上，都想用土地增值稅自用稅率，怎麼辦？基本上無解。頂多照前面的例子，儘量將土地增值稅最重的房地採用自用稅率賣掉。但是，有一個不是辦法的辦法很少人會知道，哼哼~如果所有權人一次同時移轉好幾筆房地，所有的房地只要符合條件，可以同時申請土地增值稅一生一次自用稅率。換句話說，如果A先生有辦法將四間房地同時賣掉（不限定同一買方），並一次完成移轉過戶的話，四間房地都可以申請土地增值稅自用稅率！我想來想去、想破頭，只能想到這唯一的辦法，但這招僅限於天時地利人和，條件非常嚴苛。

這裡附上土地增值稅自用稅率一生一次適用條件：

1. 土地所有權人出售前一年內未曾供營業或出租之住宅用地。

2. 地上之建物須為土地所有權人或其配偶、直系親屬所有，並已在該地辦竣戶籍登記。
3. 都市土地面積未超過三公畝或非都市土地面積未超過七公畝部分。
4. 限一生一次。
5. 自用住宅建築完成一年內者，其房屋評定現值須達所占基地公告現值十%。

已經使用過一生一次後，要再申請一生一屋的適用條件：

1. 出售都市土地面積未超過一．五公畝部分或非都市土地面積未超過三．五公畝部分。
2. 出售時土地所有權人與其配偶或未成年子女，無該自用住宅以外房屋。（包括土地所有權人與其配偶及未成年子女信託移轉之房屋）
3. 出售前持有該土地六年以上。
4. 土地所有權人或其配偶、未成年子女於土地出售前，在該地設有戶籍且持有該自用住宅連續滿六年。
5. 出售前五年內，無供營業使用或出租。

兩種稅率適用條件一經比較高下立判，一生一次自用稅率適用條件及審核都寬鬆許多，一生一屋適用條件包括設籍時間、房地持有時間、無營業或出租使用時間相較於一生一次來說，都嚴格許多，最主要是政府還是希望將減稅的美意留給真正將房地用作自住住家的人。

• 善用土地增值稅重購退稅

前面教大家一些土地增值稅自用稅率規劃的技巧，現在提供另一種方向給大家應用，叫做「土地增值稅重購退稅」。所謂重購退稅，意思就是說所有權人在出售房地後兩年內又再買一間，或是先買一間新房地兩年內出售另外一間舊房地，那麼出售的時候所繳納的土地增值稅有機會可以退回來，叫做重購退稅。如果已經確定可以將繳納的土地增值稅退回來，那麼一開始賣房地的時候就沒必要執著於用自用稅率課徵土地增值稅。反正都可以退回來，何必浪費寶貴的一生一次呢？

土地增值稅重購退稅條件：

1. 原有房地產簽約買賣之前一整年都沒有出租或作營業的情形。
2. 土地上有房屋，該房屋是土地所有權人本人、配偶或是直系親屬設籍。
3. 原出售土地及新購土地所有權人為同一人。
4. 新購土地地上房屋須為土地所有權人或其配偶、直系親屬所有，並辦竣戶籍登記。
5. 新購房屋沒有任何出租或作營業的情形。
6. 都市土地最大適用面積是三百平方公尺，約九〇．七五坪，非都市土地最大適用面積是七百平方公尺，約二一一．七五坪。
7. 新買房屋的土地移轉現值總額，必須超過賣舊屋的移轉現值總額扣除所繳納土地增值稅後有餘額，才能退稅。
8. 兩年內期限，不管先賣再買或是先買再賣，買賣時間必須在兩年以內。

在實務上，重購退稅最容易被忽略的條件就是設立戶籍，如果是先賣房地再買，那麼在賣房地移轉過戶的當下，戶籍必須要設立在賣的這間房子，等買了新房地後，再將戶籍遷過去新房地。如果是先買新房地再賣舊房地，在買新房地辦移轉過戶的當下，戶籍必須在要賣掉的舊房地，等買的新房子過戶完成後，再將戶籍遷到新買的房子，重購退稅關於戶籍的部分要特別注意。不管是先買後賣，或是先賣再買，都必須在兩年內完成，時間的認定是以登記完成日為準。再來，還有一個很容易誤會的條件，新買房屋的土地移轉現值總額必須超過賣舊屋的移轉現值總額扣除所繳納土地增值稅後的餘額⋯，這段我直接舉例說明：假設A賣出土地現值總額一百萬元，增值稅四十萬元，買入土地現值總額超過一百萬元時，所繳的四十萬元土地增值稅可以全部退還；假如買入現值為八十萬元，可以退回二十萬元；如買入現值小於六十萬元，則無餘額可以退稅。簡單說，如果新買的土地公告現值超過或等於原出售土地公告現值，那麼之前所繳的土地增值稅全部都可以退回來；如果新買的土地公告現值比較低，低於賣出的土地公告現值扣除已繳納的土地增值稅，那就是一毛都不能退。

重購退稅還有最後、最重要的一點，已辦理重購退稅之土地，如果五年內再行移轉或變更用途時，會被追繳之前已退還的稅金。這是因為重購退稅最主要的用意是政府鼓勵人民追求良好居住品質，提升生活水準，為了減輕民眾換屋資金壓力，所以特別規劃一個管道可以讓符合資格的納稅義務人申請退稅。但為避免濫用、甚至炒房，所以有特別規定五年內不得再移轉或變更用途，連配偶贈與都不行喔！

•土地增值稅如何計算？

最後，將土地增值稅的計算公式跟稅率一併列出，來供大家參考。

第一級：應徵稅額＝土地漲價總數額【超過原規定地價或前次移轉時申報現值（按臺灣地區消費者物價總指數調整後）未達百分之一百者】×稅率（％）

第二級：應徵稅額＝土地漲價總數額【超過原規定地價或前次移轉時申報現值（按臺灣地區消費者物價總指數調整後）在百分之一百以上未達百分之二百者】×【稅率（30％）－〔（30％－20％）×減徵率〕】－累進差額（按臺灣地區消費者物價總指數調整後之原規定地價或前次移轉現值×A）

註：持有土地年限未超過二十年者，無減徵，A為〇・一〇
持有土地年限超過二十年以上者，減徵率為二十％，A為〇・〇八
持有土地年限超過三十年以上者，減徵率為三十％，A為〇・〇七

持有土地年限超過四十年以上者，減徵率為四十%，A為○．○六

第三級：應徵稅額＝土地漲價總數額【超過原規定地價或前次移轉時申報現值（按臺灣地區消費者物價總指數調整後）在百分之二百以上者】×【稅率（40%）－〔（40%－20%）×減徵率〕】－累進差額（按臺灣地區消費者物價總指數調整後之原規定地價或前次移轉現值×B）

註：持有土地年限未超過二十年者，無減徵，B為○．三○

持有土地年限超過二十年以上者，減徵率為二十%，B為○．二四

持有土地年限超過三十年以上者，減徵率為三十%，B為○．二一

持有土地年限超過四十年以上者，減徵率為四十%，B為○．一八

土地漲價總數額計算：

以土地移轉時之申報移轉現值減除前次移轉現值（或原規定地價）乘以物價指數，如有土地改良費用，亦應一併減除。

土地增值稅計算是非常複雜的，網路上面有提供試算，可以上「財政部稅務入口網」將資料輸入進去，讓電腦跑公式，不用加入會員，也不用任何費用，省去自己算得滿頭大汗、結果還是算錯的困擾，可以多加利用。

房地合一稅─賣房子怎麼報稅？併入綜所稅，還是要繳房地合一稅？

每年到了五月份，雜事會突然變得很多，有一大部分是來自去年賣屋今年要申報綜所稅的客戶來索取資料，不管交屋的時候我怎麼千交代萬交代資料要收好，他們總是有辦法弄不見，另一部分是剛交屋的客戶很緊張的問我，到底他要申報綜所稅、還是房地合一稅？我很想問他們，交屋的時候您的靈魂有在嗎？是神遊太空去了、還是被誰勾走了？另外，也有很多仲介朋友喜歡問我：「許代書，我的客戶問我賣這間房子除了土地增值稅之外，還有什麼稅金？會不會課到房地合一稅？舊制怎麼申報？賣房的時候有哪些項目可以扣減？繼承取得的房子在賣的時候，要繳房地合一稅嗎？……」我常常心想：做代書的如果跟算命的一樣，回答一個問題收費一百元，哇～那該多好啊……，想著想著差點就哭了。

言歸正傳，屋主賣房子在最後的最後，一定要記得申報納稅。申報方式有兩種，一種是舊制，在每年五月分申報綜所稅的時候將售屋所得併入綜所稅申報，另一種是新制，在過戶完成三十日內向戶籍所在地的國稅局申報房地合一稅。屋主要用哪一種方式申報，最初步最簡單的判斷基準就是屋主取得該不動產的時間點，如果屋主在中華民國一〇五年一月一日前取得，那就是適用舊制申報，如果是在民國一〇五年一月一日後取得，就是適用新制房地合一稅。

• 何謂房地合一稅？

房地合一稅在中華民國一〇五年一月一日開始實施，最主要就是因為早年投資客買房炒房賺取極大的利潤，卻因為以前不動產買賣稅制的關係，其所繳納的稅金非常非常的少，與獲取的利潤比起來，說是九牛一毛都客氣了，所以，政府為了實現租稅公平正義並有效抑制炒房，特別匯集各路人馬、相關專家學者訂定了名聞天下的「房地合一稅」。房地合一稅如果真的要研究透徹的話，很有可能要另外寫一本書來專門介紹，這裡我就以實務上容易遇到的問題來做簡單說明。

所謂的房地合一稅，意思就是說以往不動產買賣在申報綜合所得稅的時候是採分離課稅的，而以往不動產買賣價金如果在契約書上沒有特別註明房屋價格多少、土地價格多少，便必須代入公式計算出該買賣價金房屋及土地各所佔的比例，將房屋及土地價格分離出來個別課稅，房屋的售屋所得併入綜所稅申報，土地則課徵土地增值稅，而房地合一稅便是將房屋及土地價格合併計算，以實際獲利課徵稅賦。

房地合一稅適用對象只要是在民國一〇五年一月一日以後取得之房屋及其坐落基地或依法得核發建造執照之土地，將來在賣的時候都要申報房地合一稅。而在民國一〇五年之前取得之房屋仍然適用舊制併入綜所稅申報售屋所得。雖然房地合一稅以民國一〇五年一月一日取得為分水嶺，但有幾個例外情形：

繼承：如果不動產所有權人是民國一〇五年一月一日後繼承取得，於出售時取得時間點判斷，必須回推至被繼承人當初取得的時間點為準。如果被繼承人當初是在民國一〇五年「之前」取得，那麼就算是繼承人於民國一〇五年以後繼承，將來在賣的時候一樣是適用舊制。

配偶贈與：如果受贈人是民國一〇五年一月一日以後取得，將來出售時一樣回推到贈與人當初取得的時間點，以判斷適用新制、還是舊制。

遺贈取得：跟配偶贈與一樣，如果受贈人是民國一〇五年一月一日以後取得，將來出售時一樣回推到贈與人當初取得的時間點，以判斷適用新制、還是舊制。

•房地合一稅課稅基礎

房地合一稅的課稅基礎就是你賣房子的獲利，獲利扣除成本，再根據持有時間來計算應納稅金。也就是說如果你是賠錢賣，你就不用繳稅，但還是要申報喔！

房地合一稅稅率：

1. 在中華民國境內居住者：持有二年以內四十五％、持有五年以內超過二年三十五％、持有十年以內超過兩年二十％、持有超過十年十五％。
2. 不在中華民國境內居住者：只有兩種，持有二年以內四十五％，持有超過二年三十五％。

房地合一稅的計算方式其實很簡單，複雜的是要如何有效減少賣屋時的獲利，以達到合法節稅。房地合一稅在申報的時候是以售價扣除成本及必要費用來計算獲利，可以扣除的項目依房地合一申報書可分成四大部分：

1. 房屋土地取得成本：如果取得是買賣的話，就是當初買的價格；如果是繼承或受贈取得，就是房屋評定現值與土地公告現值。

2. 取得房屋土地達可供使用狀態前支付的必要費用等：契稅、印花稅、登記規費、代書費、公證費、仲介服務費，還有最重要的房屋裝修費，都可以在這個項目列舉扣除。

3. 地方稅稽徵機關核准減除的改良土地費用：就是改良土地的費用，依交易土地的土地增值稅繳款書或免稅證明書「改良土地費用」欄金額抄填。

4. 移轉費用：是指賣出時的費用，又分兩種，一種是有單據的，例如代書費、仲介服務費等，另一種是直接以賣價×三％來計算，所以，如果賣掉的時候所付的代書費加仲介服務費總額沒有比賣價×三％來得多，可以不提列單據，直接以賣價×三％來申報。要注意的是，如果賣價×三％大於三十萬，那麼最高只能提列三十萬，如果不足三十萬，以賣價的三%為準，兩者取其低就對！

•繳了房地合一稅，土地增值稅還需繳納嗎？

另外，有人問說土地增值稅還要繳嗎？可以扣除嗎？答案是：土地增值稅還是要繳納，可以扣除的不是土地增值稅，而是「土地漲價總數額」。土地漲價總數額在前面有提到，是計算土地增值稅的稅基，土地增值稅是根據土地漲價總數額的比例計算出來；換句話說，扣除土地漲價總數額比扣除土地增值稅還划算。就因為計算房地合一稅會先扣除土地漲價總數額，所以，就有傳說中的老師傳授大家一個節省房地合一稅的撇步，那就是在賣屋的時候將申報移轉現值故意報高，申報移轉現值調高，土地漲價總數額就會跟著變高，計算房地合一稅的時候就可以扣得比較多。所以，雖然調高申報移轉現值連帶的也會增加土地增值稅，但土地增值稅頂多二十%，房地合一稅起碼四十五%或三十五%，一來一往，省了將近一半的稅金…，佩服、佩服，小弟佩服得五體投地，真的是高手在民間，這種方式你也想得出來。但是，基本上、原則上以及實際上，我都「不」建議我的客戶這麼做，最主要是因為這個方法已經上過新聞了，甚至有國稅局出面說明，因為很少有人會在申報移轉現值的時候故意調高，所以，你如果有做調整很容易被發現，那麼國稅局就會稽查整個案件前手後手的實際買賣情形，並以實質課稅原則連補帶罰，得不償失。另外，調高申報移轉現值對於後面接手的買方不公平，因為你這一次調高，意味著將來他在賣的時候土地漲價總數額空間更小，很容易產生糾紛。所以，這個方法奉勸大家不要輕易嘗試比較好。

接下來，說明可認列成本的單據部分，各位一定要記住。在民國一〇五年一月一日以後買的房子，將來賣的時候通通要申報房地合一稅，所有因為買房所支付的單據、發票或收據一定要收好，這些將來在賣的時候都是非常重要的證據，佐證你真的有花這些錢，你才有辦法列舉成本，降低獲利，避免稅金爆錶。而這些單據裡面最有技術空間、國稅局審核最仔細的就是房屋裝修發票，其他像是契稅、規費等，因為都是政府收的，只要有單據基本沒什麼爭議，可以直接扣除。

而裝潢費的部分，很多人會誤會房屋修繕裝潢的費用跟賣屋時可以直接折扣的五％只能擇一申報，其實錯了！房屋修繕裝潢費用是屬於取得房屋土地達可供使用狀態前支付的必要費用，跟賣屋時不列舉單據直接扣除賣價的五％是分開提列的，也就是說兩者可以合併計算扣除，這一點各位要先知道。再來，裝潢費的部分，國稅局在審核時一定要看到發票，而且開立發票的公司營業項目也必須要跟你申報的裝修項目吻合才行。在申報的時候如果裝修金額比較高，國稅局還會要求附裝潢契約書及給付證明。而就算附了發票、裝潢合約書、給付證明後，也不是你花多少錢裝潢就一定可以扣除多少錢，國稅局有一套審核原則，必須符合「非兩年內損耗，附著房屋的物品」國稅局才會認列成本。舉例來說，像地板的拋光石英磚、室內油漆粉刷、廁所浴室翻新、屋頂防水施作、隔間泥作、水電管路等這些不可拆卸的，將來賣屋時帶不走的都可以列入成本，而像系統櫃、傢具、家電等，就會被國稅局剔除，在申報時要特別注意。

• 打房終極殺手

房地合一稅說穿了，就是為了要有效打擊投資客、抑制炒房，避免房價飆漲而制定的稅制，所以，如果是短期內的移轉、如果有獲利的話，課徵的稅率非常之高，但有些不得不在短期內移轉的正常買方，國稅局也有特別列出幾種例外情形，以避免錯殺，如因財政部公告之調職、非自願離職或其他非自願性因素，交易持有期間在兩年以下之房屋、土地及個人以自有土地與營利事業合作興建房屋，自土地取得之日起算兩年內完成並銷售該房屋、土地：稅率二十%。正常來說，持有期間在兩年以內者，稅率是四十五%，但如果是不得已的情況之下，國稅局特別網開一面，意思意思課徵一下就好。你想想看，高高興興買了一間房子沒多久，結果老闆忌妒你、故意搞你，想把你發配邊疆，不讓你住新房，或直接拔掉你的烏紗帽，叫你捲鋪蓋走路，心情百分百鬱卒到了極點，就算賣房有賺也笑不出來，國稅局這時候雪中送炭，給你一個溫暖的環抱，你還不感恩大德，謝主隆恩~。

除了提列成本之外，房地合一稅還有自用住宅稅率與重購退稅這兩種方式可以合法且有效節稅。如果符合自用住宅規定的話，獲利四百萬元以內不用課稅，超過四百萬元，就超過部分課徵十%。房地合一重購退稅跟土地增值稅重購退稅很像，但是不一樣，如果同時符合規定的話，兩種重購退稅都可以申請，而且房地合一的重購退稅規定相對於土地增值稅來說寬鬆很多。

房地合一稅自用住宅條件：

1. 個人、配偶或未成年子女設有戶籍

2. 持有並實際居住連續滿六年且無出租、供營業或執行業務使用

3. 所得額四百萬元以下免稅，超過部分按優惠稅率十%課稅

4. 六年內以一次為限

房地合一重購退稅條件：

1. 先買後賣，或是先賣後買，買屋及賣屋之時間（以完成移轉登記之日為準）在兩年以內，且符合所得稅法有關自住房屋、土地之規定，即可申請重購退稅。

2. 個人出售並重購自住房屋、土地者，得申請按重購價額佔出售價額之比例，退還其依規定繳納之稅額。

3. 前項重購之自住房屋、土地，於重購後五年內改做其他用途或再行移轉時，則國稅局會追繳原扣抵或退還稅額。

Buying a House

第九章

共有不動產如何解套？

小明有一天收到了一封信，打開來看，開頭是一間某某土地開發公司，內容說小明是這塊土地眾多持有人之一，土地開發公司為了促進土地利用、活絡商圈發展，增加房屋結構安全兼具美化市容…等，簡而言之是想整合這塊地，主要是為大家好，絕不是土開公司想賺錢。小明心想：這塊地是祖傳的風水寶地，是家族親戚大家一起共有的，土地開發公司想收購，一定是認為未來錢景看好，與其讓土開公司賺，不如我們自己賺，我先試試能不能說服那些老大人、老長輩統一一下意見，假設真的讓我說動他們，我就自己跟建商談就好啦，何必給外人賺。如果老長輩們冥頑不靈，難以溝通，我再跟土開公司合作也不遲，想著想著小明陰森森的笑了起來…。

阿嬌前陣子爸爸過世了，遺留了一些台北市的畸零地給阿嬌、還有其他兄弟姊妹，阿嬌認為土地每年都要繳地價稅，土地面積小、持分又少，不能做什麼利用，思前顧後想說乾脆賣掉一了百了，卻不知道如果其他兄弟姊妹不答應的話，該如何處理…。

春風長期在外租屋，有一天房東告知他，房子已經賣掉了，房東準備告老還鄉，春風心想我在這裡住了這麼久，周遭環境跟民俗風情我也都喜歡，對這房子也放了許多感情，聽說租客有「優先購買權」，意思是我可以用比較低的價格優先跟房東承購嗎？…

以上三種情形都很有可能發生在你我身邊，共有土地或不動產往往因為共有人間意見相左，造成阻礙土地利用或發展，無法發揮土地價值。所以，本章節就來討論有關共有不動產如何解套。

什麼是公同共有？什麼是分別共有？哪些人有優先購買權？

要想解決共有不動產，首先要瞭解共有型態的種類，每一種共有型態的處理方式跟難度都不盡相同。共有型態分為「分別共有」與「公同共有」兩種，最大的差異就是分別共有的所有權人可單獨處分自己的應有部分，不用受其他共有人的箝制。而公同共有的所有權人全部都是綁在一起的，所有權人之間不管有誰想要買賣、設定或做其他處分，都必須經過全部的所有權人同意才可以。公同共有的形成方式有三種：

1. 因繼承而形成公同共有。
2. 祭祀公業以男性共有人數而形成公同共有。
3. 依法律或契約規定，而形成一公同關係之數人，基於其公同關係而共有一物者。

就是因為公同共有關係對於共有人間的限制非常大，造成共有土地無法有效利用，所以，只有法律規定的情形下才會形成公同共有關係。

前面有提到，就算是分別共有的共有人，可以單獨處分自己的應有部分，但往往收購土地的那一方，為了降低後續整合難度，總希望能一次全部吃下來，而共有人之間常常出現意見分歧，有的人覺得價格好，蠢蠢欲動想要賣，有的人覺得不缺錢，按兵不動再等等，造成想賣掉的人還是會受其他共有人的限制，造成長期以來大家僵持在那邊。再加上如果共有人間有人過世，應有部分因繼承導致共有人人數越來越多，更難以整合，最後的情形就是好好的一塊地卻無法做任何使用。所以，為了解決共有土地問題有效減少共有人數，立法院於民國六十四年七月二十日修正通過土地法第三十四條之一，使買賣共有土地無須取得全體共有人之同意，以前無法處理之共有土地，終於有了解決方式。

土地法第三十四條之一

共有土地或建築改良物，其處分、變更及設定地上權、農育權、不動產役權或典權，應以共有人過半數及其應有部分合計過半數之同意行之。但其應有部分合計逾三分之二者，其人數不予計算。

共有人依前項規定為處分、變更或設定負擔時，應事先以書面通知他共有人；其不能以書面通知者，應公告之。

第一項共有人，對於他共有人應得之對價或補償，負連帶清償責任。於為權利變更登記時，並應提出他共有人已為受領或為其提存之證明。其因而取得不動產物權者，應代他共有人申請登記。

共有人出賣其應有部分時，他共有人得以同一價格共同或單獨優先承購。

前四項規定，於公同共有準用之。

土地法第三十四條之一是地政界的天條，也就是傳說中的「多數決」，意思就是說如果共有人人數超過一半以上，應有部分合計也超過一半以上，那麼同意的共有人就可以將整塊土地或整間不動產全部賣掉或設定其他權利；如果應有部分超過三分之二，就可以不用計算人數。雖然法律規定共有人可以依多數決的方式處分共有土地，但不代表其他不答應的共有人權益會因此受損或被犧牲，同樣是土地法第三十四條之一：共有人依前項規定為處分、變更或設定負擔時，應事先以書面通知其他共有人；其不能以書面通知者，應公告之。共有人要依多數決處分共有物對其他共有人最起碼的尊重要有，法律規定一定要通知其他共有人，實務上就是寄存證信函，如果不能通知，至少要公告，反正就是想辦法讓其他共有人知道這件事就對了。除了通知之外，最重要的就是對其他共有人的補償方法，還是土地法第三十四條之一：第一項共有人，對於他共有人應得之對價或補償，負連帶清償責任。於為權利變更登記時，並應提出他共有人已為受領或為共提存之證明。共因而取得不動產物權者，應代他共有人申請登記。這段規定清楚保障不同意處分共有人的權益，如果沒有受到應有的補償，可以對任何一位同意處分的共有人請求補償，實務上依土地法第三十四條之一辦理的買賣案件，在過戶前要先將補償款項提存法院，取得證明後才可以辦理登記，以避免侵害應受補償之共有人的權益。

對於不同意處分的共有人還有最後一個保障，照舊是土地法第三十四條之一：共有人出賣其應有部分時，他共有人得以同一價格共同或單獨優先承購。這部分就是坊間傳說中的優先購買權，優先購買權的意義在於避免共有人跟第三人之間偷來暗去，賤價出售共有物。舉例來說，如果共有人之中有人圖謀不軌，串通其他共有人以低價賣給第三人，以企圖減少其他共有人應得之補償價金，其他共有人就可以依照原買賣契約之價格及相關條件，優先原買方將該共有物承買下來。優先購買權除了土地法第三十四條之一外，還有其他像是民法、土地法第一〇四條及一〇七條等也有相關規定，但是單純租屋的承租方是沒有優先購買權的，說承租方有優先購買權那是大陸地區的規定，在臺灣的土地法還沒有修正以前或是兩岸還沒有統一之前，**承租方沒有優先購買權，只有之前提到的「買賣不破租賃」而已**。另外，優先購買權對於繼承、贈與是不適用的，但如果共有人之中有人的應有部分被法拍，因為法拍也算是買賣的一種，就有優先購買權的適用。土地法第三十四條之一最後的重點：前四項規定，於公同共有準用之。不管是分別共有或是公同共有，都可以依多數決的原則來處分共有物，但分別共有應有部分的計算很簡單，每個共有人的持分都清清楚楚記載在謄本的所有權部中，但是公同共有，謄本並不會將各共有人的應有部分明列出來，因為公同共有理論上沒有應有部分，如果公同共有要適用多數決，必須先調閱資料查清楚當初辦理公同共有的來龍去脈、歷史沿革，計算出各共有人的「潛在應有部分」，才有辦法計算持份是否有符合規定。

共有土地或建築改良物要如何分割、如何合併？

共有土地如果因為共有人早已失去聯絡或長年旅居海外，想處理的共有人孤掌難鳴、無力回天，沒辦法依多數決方式處理怎麼辦？那就只能走法律救濟，申請共有物分割。

民法第八二三條

除法令另有規定，或訂有不分割的契約以外，各共有人得隨時請求分割共有物。

如果真的想處理共有物，又湊不到多數決的人數，就只能退而求其次向法院申請分割共有物。分割的方式原則上依照共有人之間的協議，如果不能協議處理，就由法院判決分割。法院分割的方法原則上有兩種：

1. 以原物分配於各共有人。但各共有人均受原物之分配顯有困難者，得將原物分配於部分共有人。以原物為分配時，如共有人中有未受分配，或不能按其應有部分受分配者，得以金錢補償之。
2. 原物分配顯有困難時，得變賣共有物，以價金分配於各共有人；或以原物之一部分分配於各共有人，他部分變賣，以價金分配於各共有人。

目前坊間有很多土地開發公司會持續收購共有人的應有部分，以蠶食鯨吞的方式慢慢湊足多數決的條件，如果真的遇到太大阻礙，也會申請共有物分割訴請法院裁判，進可攻退可守。雖然原則上以減少共有人為目標，或整合土地促進土地利用，這些想法都是良善正面，且對臺灣土地資源及都市規劃都是有幫助的。但還是建議各位一定要瞭解共有不動產分割相關法律規定，以免吃虧上當。

另外，曾經有位客戶請我幫忙一件事，他在鄉下地方跟其他兄弟姊妹共同繼承爸爸留下來的一塊土地，因為客戶本身長年都在北部打拼，所以不太過問那塊地的事情，直到有一天回老家，鄰居跟客戶提起想租那塊地，主要是種種東西、活動筋骨，順便賣賣菜之類的，但是租全部又太大，所以只想租一部分就好，客戶心想：這塊地是兄弟姊妹一起繼承的，我有四分之一的持分，不然就將我的部分租給他好了。客戶滿心歡喜，想說平常用不到的地現在竟然有人想租，增加點收入也不錯，於是請我幫忙擬定租約⋯⋯。共有土地或建物有一個非常重要的觀念要告訴大家，共有持分的概念是在整個共有物中的任何一點，每個共有人都有持分、都有所有權，任何共有人要對共有物其中一部分使用或出租，都必須經過其他共有人的同意，就是俗稱的分管協議。所以，我的客戶請我幫忙擬定租約時，我提醒他要先取得其他兄弟姊妹的同意，他才能將部分土地出租出去，以免日後產生糾紛，兄弟姊妹之間傷了和氣。相對的，如果共有人間有人沒經過同意就將土地佔有使用或出租出去，其他共有人是可以請求返還佔有物，或請求損害賠償的。

關於不動產分割的部分，我有一個實務上的案例：有一對將近三十歲的年輕姊弟住在北投區石牌那邊，透過網路找上了我。這對年輕姊弟的父親在他們小時候就往生了，很不幸的，母親在前陣子也因病離開，遺留了一間坪數將近六十坪的公寓給兩姊弟。姊弟面臨到的問題是，如果姊弟倆將來各自成家，勢必是兩個家庭住在一起，因為在世上就只剩姊弟倆相依為命，媽媽當初離開時囑託他倆能就近彼此照顧、共同生活，兩姊弟不願違背媽媽的交代，但又覺得兩家庭生活在一起難免不方便，又怕互生嫌隙，傷了兩姊弟感情，所以跟我諮詢，想詢問是否有可能將媽媽遺留的公寓一分為二，既可以就近照顧彼此，也可以互相保有隱私。這件案件是我第一次接到建物分割的案件，也是迄今為止唯一一件有成功辦理建物分割的案件。建物分割要辦成功的機會微乎其微，最主要是因為如果是申請建物分割，要一間分兩間、一張建物權狀變兩張權狀、一個門牌變兩個門牌，首先條件就是要先申請變更建物使用執照。而要變更使用執照往往會因為公寓當初有增建、加蓋、陽台外推等而不符規定。就算屋況一直保持當初原樣，要辦理建物分割必須分割後的兩建物都有獨立出入口，並各自必須符合現今消防法規才行。

一般公寓出入口當初都規劃得剛剛好，很難找到可以再開一扇門的空間。而如果標的物是透天厝，要有獨立出入口，勢必要再加一隻外梯供住戶出入，但要加外梯就會有建蔽率及容積率問題，而早期的透天厝百分之九十九將土地全部蓋好蓋滿，換句話說，以現在的建蔽率及容積率標準來看，根本沒有讓你增加外梯的空間。所以，其實建物要一分為二的難度很高。但這案件請容我模仿盛竹如的語氣：不曉得是冥冥之中命運自有安排，抑或是姊弟兩人之間的親情感動了上天，辦起這案件來是如魚得水，關關難過關關過⋯⋯。該標的物在我初步評估並與建築師討論過後，認為要變更使用執照並符合建築相關法規，以及通過消防規範等難度並不高，有值得一試的機會。於是我與建築師便分工合作，各自負責各自擅長的領域，建築師負責標的物現況實際分割，包含增加隔間牆、設置獨立出入口，繪製圖面申請工務局檢討，最後順利變更使用執照，在變更完使用執照後由我接手後續流程。首先申請建物所有權第一次登記，然後地政事務所派員測量面積，繪製建物測量成果圖，接著至戶政事務所申請門牌新編，最後就是地政事務所核發熱騰騰的新權狀。

事情到這邊還沒有結束，建物分割前是姊弟兩人共同持有，分割完成後是姊弟兩人共同擁有兩間房子，持分各二分之一。所以，分割完成權狀下來之後，還得繼續申請建物交換，將姊弟兩人的二分之一互相交換，最後才會變成姊弟兩人各自擁有二分之一的標的物。這中間的過程因為有很多程序都是第一次申請，所以我印象非常深刻，但我永遠不會忘記的是，當我將交換完成的新權狀送去給兩姊弟的時候，他們歡喜滿足的神情溢於言表，不斷、不斷的對我表達深深的感謝，讓我不好意思提當初代書費報得太便宜，結案的時候想加價的事。

建物分割要件：辦理建物分割，應以已辦畢所有權登記，法令並無禁止分割及已經增編門牌號或所在地址證明，且其分割處已有定著可為分隔之樓地板或牆壁之建物為限。區分所有建物共同使用部分，不得分割。

相對於建物分割來說，土地分割原則上只要不是法律禁止分割的情況都可以分割，例如：依據農業發展條例第十六條規定，每宗耕地分割後每人所有面積未超過〇．二五公頃者不得分割。或遺產稅第八條規定，遺產稅未繳清前，不得分割遺產。共有土地之共有人中有死亡時，其繼承人於未繳清遺產稅前，不得請求分割共有物。或是像建築基地要分割，必須符合建築基地法定空地分割辦法規定等。

Buying a House

第十章

如何增加權狀坪數？

我有一個朋友姓顧，叫顧仁院。有一次他請我吃飯，他說：「許代書啊，咱們哥倆好久沒聚一聚啦，來來來！這頓我請，想吃什麼儘量點。」我這個人沒什麼優點就是聽話，我招了招手請店小二過來，指著菜單說：「這個、這個、這個、還有那一個……我不吃，其他都來一份。」酒足飯飽茶餘飯後，顧仁院清了清嗓開了口：「許代書啊，最近有個朋友介紹我買一間房子，我有點興趣，如果真的有成交了，到時候簽約、過戶等流程想拜託你處理，買房子這種大事總是得找認識的比較放心嘛，我相信你的辦事能力，不管是交易安全還是『相關費用』你一定都會讓我滿意的，是吧……？」顧仁院在講到「相關費用」這四個字的時候還故意頓了一下，看他一副賊兮兮、猥猥瑣瑣的樣子，我聽出他話中有話，他是在跟我凹代書費，唉，拿人手短吃人嘴軟，早知如此，剛才我說我不吃的那幾道菜，應該一起點一點，打包帶回家再說。我說：「放心吧，顧仁院先生，交易安全不用說，我一定幫你嚴格把關，至於代書費嘛～我會斟酌。」明明是很單純的殺價行為，搞得好像有幾百萬的回扣似的，生意人都是這樣子的嗎？

後來過了一陣子，場景轉換到事務所的簽約桌上，顧仁院先生如願以償的買到了房子，由我來幫忙辦理簽約程序，在簽約桌上我拿著屋主的權狀看了看，發現一個值得注意的地方，但因為跟交易安全沒有太大關係，所以當下我不動聲色照雙方意思將合約細節擬定，並順利簽完了合約。簽完合約後開始跑流程，我一直將這件事情放在心上，但始終沒有透漏給買賣雙方知道，直到整個過戶手續結束也順利完成交屋，送走屋主後我請顧仁院先生留了下來。我說：「老顧啊，這間房子標的物現場有陽台嗎？」顧仁院說：「有啊，前後陽台都有，怎麼了嗎？是不是有什麼問題？」顧仁院一時緊張了起來，我說：「在簽約的時候，我就注意到權狀上面並沒有登記陽台，在辦理流程時，我也幫你調閱了相關圖面，圖面顯示當初蓋的時候確實是有陽台，如果到現在陽台都還保留著，那麼你這間房子很有機會辦理「陽台補登」，如果真的順利辦出來了，權狀會增加陽台面積大約二至三坪吧。我故意輕描淡寫的說出來。「真的嗎！？那為什麼簽約的時候你都不說，辦過戶的時候也都不提呢？」顧仁院風風火火的問我。我回他：「顧傻子，你想想，簽約當下如果我提出來，屋主會怎麼想？他會不會心裡有疙瘩？甚至有沒有可能當場說等他自己辦好陽台補登再來賣？再來，如果案子還沒辦完，我就跟你說可以辦陽台補登，你會不會有期待的心態，萬一真的辦不出來，反而讓你期待落空，是不是換你心裏不舒服？」語畢，顧仁院一臉恍然大悟、醍醐灌頂的表情。

結局是陽台補登果真順利辦了出來，我原本的買賣案件又延伸接了一件陽台補登，兩件代書費我都沒給折扣，顧仁院付得心甘情願、心服口服，甚至，日後又請我吃了一頓飯，但是這一次，我只點了一份炒麵，意思意思就好。

代書這行業做久了，都會有一種習慣，在拿到權狀或謄本或產權調查資料時，都會看得很仔細，其中我會特別注意權狀或謄本上面有沒有「陽台」這兩個字，因為不管是哪個時期蓋的房子，除了小坪數的套房之外，幾乎都會有陽台，如果權狀上面沒有，我會再跟屋主確認現況是否有或曾經有陽台，如果有，那就恭喜屋主中獎了。

合法陽台補登可以增加權狀坪數

臺灣早期因為建築法規規定建物登記的時候並沒有附屬建物這一項，所以，造成一些大約屋齡三十幾年以上的老舊公寓，現場可能有前後陽台，但權狀上面卻沒有，在賣房子的時候平白無故損失幾十萬、甚至上百萬，所以，政府後來有開放陽台補登，讓權狀與實際現況吻合，也可以保障屋主的權利。陽台補登的流程也不難，如果標的物是在臺北市或新北市，首先先上網查詢要補登標的物的使用執照存根，如果網路上查不到，可以直接前往建築管理工程處或工務局申請，再來要申請竣工平面圖，領到建物竣工平面圖後，比對圖面上跟建物現況陽台的地方是否有註記「陽台」兩個字，如果竣工平面圖上有清楚的陽台二字，那麼這間標的物陽台補登成功的機會就很高，而且流程也相對簡單很多，如果沒有陽台兩個字，就要向建築管理工程處或工務局申請補加註陽台。

如果竣工平面圖已經有陽台字樣了，就可以準備相關資料前往地政事務所辦理陽台補登，地政事務所正常流程應該是要先做建物第一次測量後，再依測量結果辦理登記，但實務上來說，新北市的陽台補登案件地政事務所幾乎不會派員實地測量，通常都直接依竣工平面圖轉繪，地政事務所方便，我們也省事，皆大歡喜。但臺北市就會依照規定派員測量，派不派員有非常大的影響，如果房屋現場原本有陽台，但屋主已經施工將陽台外推出去，現況已經沒有陽台了，地政事務所派員勘查測量的時候看到現場已經沒有陽台，就沒辦法辦理補登。地政事務所測量完成後會繪製新的建物測量成果圖，接著會公告十五天，公告期滿沒什麼問題後，就會將陽台登記上去，並換發有陽台的新權狀。

如果竣工平面圖上面沒有註記陽台二字，那麼就要向原本申請竣工平面圖的單位，就是建築管理工程處或工務局申請補加註陽台，這時候如果竣工平面圖上可以清楚辨別出陽台，建管處或工務局有可能直接補註記，如果竣工平面圖上難以辨別，那就會派員實地勘查及測量，勘查測量沒問題後，一樣會在竣工平面圖上補註記陽台二字，然後一樣送地政事務所辦理陽台補登。

實務上申請陽台補登時有一個小技巧，如果**要申請陽台補登，可以先調閱要申請補登標的物垂直上下樓層的謄本，如果上下樓層之前已經有申請過陽台補登了，可以直接附已經補登過的謄本送地政事務所辦理補登**，免去再調閱其他資料或圖面的麻煩，可以節省很多時間工夫。

陽台補登應備文件

申請陽台補登應備文件：

1. 建物測量及標示變更登記申請書（地政事務所提供）
2. 竣工平面圖、位置配置圖（建築管理工程處或工務局或其他權責單位申請）
3. 所有權人身分證影本、印章
4. 建物所有權狀正本
5. 門牌整編證明（如門牌整編過才需檢附）

如果竣工平面圖沒有註記陽台二字，要申請補註記陽台應備文件如下：

1. 申請書乙份（加蓋建物所有權人印章）或公司營利事業登記證影本乙份
2. 建物登記謄本正本乙份（三個月以內有效，向地政事務所申請）
3. 建物改良物測量成果圖正本乙份（三個月以內有效，向地政事務所申請）
4. 使用執照影本（或營造執照影本）乙份（加註「與正本相符」並加蓋建物所有權人印章於空白處）

5. 如建物門牌曾經更改，則需檢附門牌改編證明書乙份（向戶政事務所申請）

陽台補登如果有申請成功，確實會增加權狀上的面積以及坪數，於房屋出售時可以增加房子銷售價格，但要注意的是，**陽台補登申請完畢後，因為權狀坪數增加，相對的房屋評定現值也會增加，所以，房屋稅也會跟著增加**，每年的持有成本會多一點點，這部分有些人會建議房屋要出售前再補登就好了。我認為早晚都要補登，先補後補沒什麼差別，增加的房屋稅真的只有一點點，如果真的打死也不想讓政府多收稅金，那就等房屋出售前再申請補登並無不可。

臺灣的建築法規從早期一直到現在，進行非常多次的更動以及修正，每個時空背景適用的法令規定都不太一樣，前面提到以前建物登記是沒有附屬建物的，而除了陽台可以進行補登之外，還有其他的附屬建物，像是露台或是社區公共設施等，其實都有機會辦理補登。只是露台及社區公設的補登適用法令規定與陽台不太一樣，在申請時最好先跟地政事務所或其他相關單位確認清楚，以免判斷錯誤。

Buying a House

第十一章
房地產投資老師都在教什麼？借名登記如何保障雙方權益？

金先生是個上班族，出社會工作好幾年了，每個月發薪水，扣掉房租、保險、生活開銷後，多少會存一些錢，漸漸的身邊有了一些積蓄。後來金先生常常聽人家說「你不理財，財不理你」，所以開始萌生投資的念頭。金先生想來想去，想到前一陣子買股票或基金，買了又賣、賣了又買，來來回回有賺有賠，總結下來好像白忙一場，而且三不五時隨著股市起落心情也會跟著上下起伏，總覺得對心臟不是很好。至於保險嘛，之前跟朋友捧場投保了一些儲蓄險，雖然穩定但利率低，吃不飽也餓不死。就在金先生還在煩惱該把錢做什麼樣的投資比較好時，電腦頁面剛好跳出房地產投資講座的訊息，斗大的標題寫著：「投資房地產不用錢！想靠房地產致富嗎？快報名參加課程⋯⋯。」金先生看著電腦陷入一種催眠般的迷濛狀態，他心想：「真這麼好嗎？買房可以不用錢，真的假的？反正最近也沒什麼事，不然就報名聽聽看好了，大不了就是浪費一個晚上而已。」就這樣，金先生決定報名參加某某老師的不動產投資講座。

臺北市的夜晚皓月當空，教室講台上，老師拿著麥克風不斷強調自己買賣房地產經驗豐富，目前手上有幾十間不動產，每個案件都有很大的獲利空間，每個跟著老師的學員都賺錢賺翻了。老師說得口沫橫飛、精采絕倫，現場氣氛熱烈、歡聲雷動啊！金先生聽著聽著也產生了興趣，但總覺得怪怪的好像少了點什麼？是了，原來老師從頭到尾只說自己很成功，賺很多錢，可是最關鍵的怎麼賺錢卻只是簡單帶過，眼看課程已經要結束了，什麼時候才會教我們怎麼操作房地產呢？當金先生還在思考時，台上的老師宣布：「各位同學，今天的課程已經要結束了，如果想跟著老師賺到人生第一桶金，有心要學習老師的投資技術的話，歡迎同學參加VIP進階班，除了可以學習老師珍藏的所有祕訣之外，還可以每周有一次機會單獨跟老師吃飯，獨家取得老師最新投資目標喔！機會難得，敬請把握！」老師話才剛說完，金先生突然發現教室周圍站了好多人，然後那些人開始一個對一個的詢問學員有沒有興趣參加進階班，就在金先生還在不知所措時，一位年輕人已經拿著問卷調查表坐在金先生面前，年輕人說：「金先生您好，請問有沒有興趣跟著老師一起賺錢啊？今天參加VIP進階班的話，學費可以打九折喔。」金先生說：「能賺錢我當然有興趣啊，學費打九折後是多少？」年輕人說：「VIP進階課程為期二個月，學費是四萬元，打完折只要三萬六千元，還可以刷卡喔。」金先生聽到學費三萬六，嚇得魂都飛了，趕緊找了藉口，匆匆逃離現場。

過了幾天，金先生對於上課那天的事情一直耿耿於懷，一直在猶豫不曉得自己該不該狠下心來花錢參加VIP進階班，好巧不巧，金先生的同事剛買了一間房子，聽同事說他的承辦代書風度翩翩、玉樹臨風，妙語如珠、幽默風趣，而且有問必答，最重要的是問問題還不用收費！沒錯，那位代書就是本人我！金先生透過同事找我聊一聊，想瞭解我對於坊間不動產投資課程有什麼看法，花錢參加VIP進階班真的可以學到東西嗎？我跟他說：「金先生，如果您有花錢參加VIP進階班的話，我相信您的外號要改成金怨嘆金先生了，來，你有酒嗎？」我有故事，聽我慢慢說~。

我在剛出道案件數量沒那麼多的時候，很喜歡去報名參加房地產相關課程，而且

ＦＢ上面也都會跳出很多老師開班授課的資訊，每個標題都非常聳動，像是王老師教你買房不用錢、帥老師有幾百間不動產、靠房地產變億萬富翁，或是呂老師會用房地產帶你脫離苦海、解脫得永生之類的，我以前很喜歡報名這一類的課程，因為通常報名費都兩三百元而已，花少少的錢就可以聽看看別人如何技術性操作房地產這一塊，有的還會送老師寫的書，我覺得很划算，摸蜊仔兼洗褲子，有吃又有抓。而且我心想會去上課的通常都是對不動產有興趣的，我去參加課程發發名片，說不定還有做業務的機會，想著想著左鍵就給他點了下去，報名表就飛了出去。

投資跟著老師走，買房不用錢？

大約過了四、五年，有一次我又在ＦＢ上看到之前聽過課的王老師又在開班招生，我覺得很有趣，心想我已經非昔日吳下阿蒙了，時至今日在不動產這一塊我也苟延殘喘、好死不如賴活地撐到了今天，如果以我現在的水準去聽聽看，不曉得會有什麼樣的收穫跟感想，最重要的是報名費竟然沒有漲價，於是抱著想瞭解市場最新投資手法與操作技術的心態，左鍵又給他點了下去，報名表再次飛了出去。一開始上課的時候，見到王老師我覺得很高興，也很欣慰王老師一點都沒變，出場氣勢依舊，身形、神態一點都沒變，講話的語調與習慣就連開場白都神複製當年，彷彿在看影片重播似的，我一時沉浸在回憶裡，想起自己剛出道時生澀的模樣，還有四年前報名王老師課程時對不動產充滿憧憬的態度，就在執業生涯的跑馬燈準備啟動旋轉時⋯⋯等等，怎麼好像有點不太對勁。我忽然間清醒了過來，王老師這個笑話怎麼跟四年前一樣，王老師投資成功的案例跟方法怎麼也都是講同一個，推銷VIP進階課程的話術與援用的資料跟躺在我家裡的那一份也都一模模一樣樣，唉！坐在我前排左邊第三個，因為髮型奇特我印象深刻，他四年前也有來上課啊！他到底是鐵粉、還是樁腳！？一瞬間我以為我穿越到了四年前，整個課程內容、投資手法、操作技術，甚至結束後隨課程附贈的書也都是同一本，一樣是王老師四年前出的那一本！讓我忍不住想吐槽老師，連詐騙集團都知道手法要進化，詐騙理由要更新，資質駑鈍如我經過四年時間的洗禮，好歹也有那麼一點點不一樣。王老師別在混了好嗎，你不是學校的老師，一輩子都講一樣的課就可以了，要學生加碼參加VIP頂級課程也得掏出些新的東西吧，還好你的報名費沒漲價，不然我真的會吐血身亡⋯⋯。我一時跟十三億人一樣震驚了、驚呆了、沉默了、跪下了、流淚了…，然後我悟出了全世界只有二%的人才知道的道理，所有房地產老師教的其實都差不多，房地產操作手法、投資訣竅萬變不離其宗且殊途同歸，我就以我實務上的親身經驗為大家解說所謂的老師是如何操作投資房地產，其中的細節及陷阱在哪裡，也許沒辦法讓你得道升天、幻化成仙，但至少你有機會跟我一樣成為十三億人中的二%。

坊間關於不動產投資課程最常提到的，就是買房不用錢、也不用自備款，就我所知，買房不用錢的情形不管如何用話術包裝，總歸來說只有一種，當今世上普天之下就只有一種！那就是利用銀行貸款。市場上所有教你買房不用自備款的老師，講的幾乎都是同一件事，就是你可以從銀行貸多少錢出來，只要銀行放款金額等於或超過買賣價款，買方就不用拿錢出來。但是銀行貸款礙於金管會的規定，會有一個上限，一般是銀行對標的物鑑價與合約買賣價相比取低者的八成，有時候搭配銀行的其他產品或其他名目的貸款，可以衝到買賣價的九成，這是金管會規定房屋貸款的最高上限。**舉例來說，該標的物買賣合約價格是一千萬，銀行估價該標的物值一千一百萬，那麼銀行就會以一千萬來當作基準，再根據借款人條件來核定放款成數。**如果借款人的薪水高、收入多，搭配其他銀行的信貸，再加上房貸銀行給的最高九成，確實是有機會買房不用拿錢出來。但這樣的操作手法難度很高，風險也很高，因為一般銀行房貸上限都還是只有八成，可以貸到九成的銀行不多，所以，如果原本已經找好房貸承辦銀行，但審核過程中如果銀行放槍，或核貸金額不如當初預期，要轉其他銀行就不好轉，因為可貸銀行選擇性不多，而且大部分的銀行就算房貸已經核准，額度也確定了，在撥款前還是會再回頭調一次聯徵紀錄，如果撥款前發現買方又有在另外一間銀行辦理信貸，那麼房貸額度就會被下修，連帶會發生貸款額度不夠支付買賣價的情形。如果買方真的沒有準備自備款的話，就很容易發生違約的情形，就算有的銀行沒有回查機制，房貸加信貸順利撥款下來，還是不能太過於放心，因為至少有一成款項、甚至是二成以上是必須要搭配信貸來補足買賣價款。信貸利率比房貸高出不少，而且通常還款年限只有七年，如果標的物在短時間內沒有轉手賣出去的話，時間一長利息付的越多，獲利就越少，買方資金壓力會越來越大，很容易就倒台收攤。所以，市場上的老師或投資客通常都不這麼操作，他們的作法是弄兩份合約書或是將買賣合約書價格調高。

亂簽「AB約」，小心觸法得不償失

如果是做兩份合約，一份是買方跟賣方之間真正的買賣價格，另一份則是為了衝高房貸專門送銀行的合約，也就是俗稱的AB約。AB約的用意在於前面提過銀行貸款最高上限，就是合約價九成，如果送給銀行的合約書價格比買賣方之間的合約書還要高一成以上，那麼銀行根據收到的合約書核貸九成的話，核貸金額就會跟實際成交金額差不多，如此一來，買方就可以實現買房不用拿錢的終極目標。這個方式在早期房地產投資界非常流行，最主要就是因為銀行沒有辦法判斷手上的合約書是真是假，沒有實際查核機制可以讓銀行去做審查，所以，呼嚨銀行成功過關的機會很高，就算銀行知道，只要不出事，通常也都睜一隻眼、閉一隻眼。但因為臺灣從民國一〇一年開始實施實價登錄，內政部規定每一筆不動產交易買賣都要確實申報登錄，所以銀行也跟進開始實施查核制度。以目前的做法來說，銀行在完成撥款後一定期間內，會再回頭查詢當初放款案件的實價登錄金額，如果那一筆剛好沒揭露，還會要求承辦代書提供申報資料以便查核，如果銀行查出登錄金額與銀行手上的合約書價格不符時，那銀行會很生氣，事情會很嚴重，輕一點會要求借款人立刻還清房貸，撇除關係，並與承辦代書同樣被列為拒絕往來戶，重一點會立刻通報檢調單位，以偽造文書、詐欺等罪嫌追究刑事責任及民事賠償。所以，現在如果還有人敢做AB約這種事，無疑是自尋死路，自我毀滅。剛才提到除了AB約之外，還有另一種方式就是調高買賣合約價格，將**合約價格調整到銀行對標的物估價的最高上限**，而買賣雙方之間的實際成交價格只有雙方知道，合約書的價格是為了貸款而調整後的價格，合約價格只要調高一到二成，銀行一樣根據合約書核貸房貸金額，房貸金額就會跟買賣雙方心中的真實成交價差不多，最終的結果也是買方不用拿錢出來，因為買賣雙方間只有一份合約書，送銀行辦貸款也是同一份合約書，申報實價登錄的時候也是合約書上的價格，將來銀行核貸後回查實價登錄金額跟買方送銀行的合約書金額一致，後續也就不會再有其他動作。調高合約買賣價格是目前市場上投資客最普遍使用的一種手法。再舉個例子來說，**假設標的物實際成交八百萬，但銀行對標的物估價認為值一千萬，買方與賣方協議將合約價格調高至一千萬，那麼銀行依據買賣合約價格核貸八成，買方貸款金額為八百萬，等於買方買房不用自備款。**

而不管是做AB約或是調高買賣合約價格，買房不用拿錢都有一個非常重要的先決條件，就是銀行對標的物的估價，銀行估價至少要高於買賣成交價一成到二成，不然即使合約價格寫得再高也沒有任何意義。舉個例子：買賣雙方成交價格七百二十萬，買方為了能全額貸款，跟屋主談好合約價格調高到九百萬，買方滿心歡喜送銀行辦理貸款，結果不出三天，銀行回覆該標的物估價只有八百萬，依一般銀行可貸八成計算，只能貸六百四十萬，買方當場晴天霹靂、呆若木雞。如果籌不出一成自備款八十萬，就準備收拾包袱連夜潛逃投奔大陸或其他地方，千千萬萬不要認為合約價格寫多少，銀行就一定會認買賣價，銀行還是會有自己的估價準則，所以，投資客現在的實務做法是先評估貸款，再決定出價多少，然後一樣根據銀行估價來決定合約書價格。甚至如果物件夠便宜的話，還有可能可以超貸金額出來，然後再利用超貸出來的錢拿去裝修房子，不管是準備出租或短期轉手，幾乎穩賺不賠，所以說穿了，投資房地產最核心的關鍵亙古至今千年不變，那就是要買得便宜。老師講得多天花亂墜、鼓動人心，教學課程再怎麼慷慨激昂、群起亢奮，始終脫離不了這最核心的關鍵，你說，這還需要老師教嗎？

投資客，或老師，或投資客的老師要投資房地產，除了標的物要買得便宜，銀行估價估得到之外，還有一個很重要的條件，那就是要有夠多資歷、背得動房貸夠強的人頭。很多投資客其實自備款準備充足，不一定要找可以全額貸款的案件，而且全額貸款物件其實也沒那麼好找，再加上有時候需要屋主的配合，更是難上加難。所以，很多投資客其實只要物件夠便宜，有利潤空間，他們就會想要進場，但往往因為手上可用人頭不夠多，失去很多可進場投資的機會。所以，投資客搖身一變成為老師，並開班授課傳道解惑，有很大的原因是為了吸引信徒加入老師的集團，老師麾下可用人頭越多，可投資的物件越多，可用資金就會像滾雪球一樣越滾越大。開班授課第一階段是篩選真正肯拿錢出來的學員，所以，通常第一堂課後會再推薦進階課程，而且進階課程門檻不低動，輒三、五萬元，主要就是過濾有財力及有意願的學員將來可以成為老師的儲備人頭，而且一個人三萬元，累積起來的學費也非常可觀，這些錢就是老師投資買房的自備款，而學員繳了錢就會想要有收穫，於是拚了命幫老師找物件，期待能獲得老師的青睞。甚至有的老師或投資集團的幹部會將手上已經滯銷賣不掉的案件優先轉手賣給新進學員，只要依當初買的價格賣給學員，等於是幫老師或幹部解套，誰知道老師當初買的時候價格是不是就已經調整過，還調得高高的，超貸出來的錢早就轉來轉去不知轉到哪裡去了。老師依當初合約價格賣你時，這中間早就爽賺一波，學員準備接住燙死人的燙手山芋還傻傻渾然不知，掏心掏肺，以為老師對自己很好。

借名登記糾紛多，教你自保有絕招

在實務上，很多投資客其實名下是沒有任何房產的，不曉得是分散風險的觀念，還是怕被查稅或設立防火牆什麼的，我也不好說，總之，大部分都是透過親朋好友介紹人頭，然後借人頭的名字登記不動產。但往往人性就是這樣，明明是有求於人卻又擔心受怕，一天到晚煩惱人頭會不會自己偷偷賣掉房子，或人頭如果在外面欠債，房子會不會被查封之類的，相對的，人頭也擔心金主後續不繳房貸，以後要由人頭自己處理等等。雖然投資客跟人頭之間有時候剪不斷、理還亂，但其實大家的目標都是一致的，都是想賺錢。投資客靠買賣房地產賺錢，人頭靠優質資歷賺投資客的人頭費，大家各取所需，只要彼此不越界，倒也相安無事。但投資客跟人頭之間要怎麼保持良好的合作關係呢？最重要的就是遊戲規則要講清楚。很多投資客跟人頭之間只是空口白話，沒有書面依據，往往在出了事情時才烏賊打架，糾纏不清打口水戰。為了避免這種情形，我建議不管今天你是想當投資客，還是想成為人頭或是乾脆投資客兼人頭，彼此之間最好有一份「借名登記協議書」，甚至金主與人頭最好可以相約辦理「信託登記」。

借名登記：顧名思義就是真正出錢買房子的人，因為種種原因不方便登記自己的名字，於是商量另外一個人借用他的名字登記為所有權人。借名登記除非違反法律強制規定，原則上是有效的。投資客買房因為貸款或稅務問題，會將房子登記在人頭名下，爸爸媽媽買房登記在兒女名下，省去將來再移轉的稅金，或是情侶共同出資買房，約定登記在一人名下，這些通通都屬於借名登記。借名登記最怕的就是登記名義人擅自處分或亂搞該不動產，或因登記名義人之債務而連累該不動產，所以，借名人（金主）跟出名人（人頭）之間最好寫一份協議書，將權利義務區分清楚，以利責任之釐清。借名登記協議書最大的作用就是表明借名人與出名人之間的關係，以及約束出名人不得隨意處分標的物，或借名人須履行給付房貸之義務等。但借名登記協議書效力僅止於借名人與出名人之間，意思就是如果出名人沒有正當理由、不顧江湖道義，私自將不動產賣給第三人，原則上借名人僅能請求出名人負相關賠償責任，而不能請求第三人返還不動產。

除了借名登記協議書之外，還有一種可以保障雙方權益的做法就是「信託登記」。不動產信託登記用最簡單的方式來說，就是不動產所有權人將標的物信託給受託人，由受託人依信託本旨管理或處分信託財產。如果受益人與委託人是同一人，稱為「自益信託」；如果受益人與委託人是不同人，稱為「他益信託」，他益信託會牽涉到贈與，可能會有贈與稅的問題，所以，以借名登記為本質的信託登記沒有人在做他益信託，幾乎都是自益信託。信託登記有很多好處，第一個，信託內容只要不違反法律強制或禁止規定，可以由雙方自由訂定，所以，信託內容可以約定受託人是否可以直接賣掉信託財產或信託關係存續期限、信託關係解除之條件或其他約定等，都可以由委託人與受託人雙方協議定之，非常自由。第二個，不動產信託給受託人後，該信託財產與受託人原本的財產是不相關的，如果受託人因為自己的問題被債權人追討債務，債權人也不能針對信託財產強制執行。第三個，受託人於信託關係存續中死亡時，信託財產不屬於受託人之遺產，不得由受託人之繼承人繼承。第四個，如果委託人自己的債權發生在信託行為之後，委託人的債權人也不能對信託財產強制執行。但如果債權是發生在信託行為之前，就算委託人已經將財產信託出去，債權人一樣可以針對信託財產強制執行，這是避免委託人惡意脫產。在實務上，不動產信託登記所有權人會更換成受託人，連權狀上的所有權人都會更名，但在登記謄本所有權部其他登記事項欄裡，會特別註明委託人、受託人，以及該財產為信託財產信託內容詳信託專簿等字樣。而且信託登記雖然屬於過戶的一種，但相關稅金非常少，過戶移轉成本低，最重要的是，如果信託內容有約定受託人可以直接處分賣掉信託財產，在將來受託人真的出售信託財產辦理過戶登記時，就不需要檢附委託人的印鑑證明，只需要受託人的印鑑證明及印鑑章就可以辦理過戶，可以有效避免人頭不受控制，或人頭知道房子要賣掉了，趁機狠敲金主一筆。因為信託登記之後受託人被賦予很大的權利及自主性，所以，不管是投資客買房登記人頭，或父母買給子女、甚至配偶之間要互相約束，都可以考慮信託登記。

信託法相關規定：

第一條：稱信託者，謂委託人將財產權移轉或為其他處分，使受託人依信託本旨，為受益人之利益或為特定之目的，管理或處分信託財產之關係。

第二條：信託，除法律另有規定外，應以契約或遺囑為之。

第三條：委託人與受益人非同一人者，委託人除信託行為另有保留外，於信託成立後不得變更受益人或終止其信託，亦不得處分受益人之權利。但經受益人同意者，不在此限。

第五條：信託行為，有左列各款情形之一者，無效：

1. 其目的違反強制或禁止規定者。
2. 其目的違反公共秩序或善良風俗者。
3. 以進行訴願或訴訟為主要目的者。
4. 以依法不得受讓特定財產權之人為該財產權之受益人者。

第十條：受託人死亡時，信託財產不屬於其遺產。
第十一條：受託人破產時，信託財產不屬於其破產財團。
第十二條：對信託財產不得強制執行。

另外，借名登記時，金主有時候會要求人頭將標的物反設定回來給自己。所謂反設定，一般指的是人頭再將標的物設定抵押權或預告登記給金主。但其實我不太建議單單只設定抵押權與預告登記，因為設定抵押權用意在於如果人頭想將房子拿去抵押借款，通常銀行看到該標的物已經有設定私人抵押權，就不會再放款給人頭，或是萬一人頭因為自己私人債務被強制執行，至少金主先設定抵押權可以有優先受償的機會。可是實務上，如果人頭真的因為債務導致該標的物被法拍，私人設定的抵押權如果只是虛設的，很有可能會沒有優先受償的權利喔！

預告登記的作用也差不多，主要是預防人頭私自將標的物拿去再跟銀行借款，設定二胎，甚至是偷偷賣掉。只要標的物設定預告登記後，所有權人不管是要將標的物再設定抵押權或是要移轉過戶，都必須經過預告登記權利人的同意。但不管設定抵押權或預告登記，對於法院的強制執行都是沒有任何抗衡的作用，人頭如果亂簽本票或亂刷信用卡，甚至沒有繳稅，都有可能被強制執行，這時候金主為了保全標的物，往往都得出面收拾爛攤子，這部分需特別注意。

Buying a House

第十二章 親人過世了，如何辦理繼承？該注意什麼？

陳爸爸早年辛苦打拼、日夜操勞，並生了一個獨子，好不容易倒吃甘蔗、苦盡甘來，晚年含飴弄孫，享受天倫之樂。陳爸爸每每回憶起自己當年朝九晚五、勤奮不懈，努力工作到沒有時間帶老婆出去玩，如今時間一大把，也有閒錢了，老伴卻已撒手人寰，先走一步了，心裡滿是惆悵。於是下定決心，在離開人世前要連老伴的份一起玩，好好地玩，以彌補當年沒見過世面的遺憾，因此，三不五時便出國遊山玩水、雲遊四海，好不樂活。兒子小陳的太太有一天看不下去，跟小陳抱怨說：「你看，你爸爸一天到晚花我們的錢出國，你叫他克制點，別把錢花光了。」小陳納悶的回問：「那是爸爸自己的錢，怎麼會是我們的？」小陳太太說：「你爸死了，那些錢不就是我們的！」「你爸死了，那些錢不就是我們的！你爸死了，那些錢不就是我們的！……」這句話重擊小陳，一直在小陳的心裡迴盪著。

誰是遺產繼承人？順序如何排定？

月有陰晴圓缺，人有悲歡離合，生老病死一直是人生必修課題。當至親過世時，悲慟之餘，要記得將長輩的精神傳承下去，當然，還有長輩的遺產。當長輩過世時，繼承人必須依相關規定辦理繼承，而在辦理繼承前，要先確定誰有資格繼承，意即誰是繼承人。民法規定遺產繼承人，除配偶外，依下列順序定之：

第一順序是直系血親卑親屬。

第二順序是父母。

第三順序是兄弟姊妹。

第四順序是祖父母。

配偶為當然繼承人，與上述各順序繼承人共同繼承。而且民法規定，配偶有相互繼承遺產之權，其應繼分，依下列各款定之：

1. 配偶與第一順序之繼承人同為繼承時，其應繼分與他繼承人平均。
2. 配偶與第二順序或第三順序之繼承人同為繼承時，其應繼分為遺產二分之一。

3. 配偶與第四順序之繼承人同為繼承時，其應繼分為遺產三分之二。
4. 無第一順序至第四順序之繼承人時，配偶之應繼分為遺產全部。

另外，第一順序之繼承人，有於繼承開始前死亡或喪失繼承權者，由其直系血親卑親屬代位繼承其應繼分。這也就是所謂的代位繼承。以開頭那個故事為例，老陳只有一個獨子，配偶也已死亡，將來老陳駕鶴西歸或蒙主寵召時，遺產便由小陳獨得，所以，小陳太太是個行家，小陳太太的抱怨不無道理。代位繼承的意思是，假設小陳有一個女兒，不幸的，如果小陳比老陳先走一步，將來老陳死亡時，就由小陳的女兒代位繼承小陳的應繼分。代位繼承僅限於「第一順序」的繼承人於繼承開始前死亡或喪失繼承權才有，其他順序的繼承人是沒有代位繼承的喔！

再進一步說明，假設老陳生前遺留現金一百二十萬以及房產一間，一樣只有小陳一位獨子，但老陳太太還在世的話，結果會不相同，就是老陳太太繼承六十萬現金與二分之一房產，小陳繼承六十萬現金與二分之一房產。

另外，假設老陳生前遺留現金一百二十萬以及房產一間，膝下無子無女，而老陳太太以及老陳爸爸與老陳媽媽都還健在的話，由老陳太太繼承六十萬現金與二分之一房產，老陳爸爸與老陳媽媽各繼承三十萬現金與四分之一房產。

再假設老陳生前遺留現金一百二十萬以及房產一間，膝下無子無女，父母早已雙亡，僅剩老陳太太與老陳的祖父尚且健在，就由老陳太太繼承九十萬現金與三分之二房產，老陳祖父繼承三十萬現金與三分之一房產。

再假設老陳生前遺留現金一百二十萬以及房產一間，有一獨子小陳，而且老陳太太尚且健在，但小陳英年早逝，比老陳先死亡，死亡時遺有一子一女，日後老陳死亡時，由老陳太太繼承六十萬現金與二分之一房產，小陳一子以及一女代位繼承小陳的應繼分，也就是小陳子女各繼承現金三十萬與四分之一房產。

除了公同共有繼承、分別共有繼承，還可以分割繼承喔！

不動產的繼承型態有三種，分別為公同共有繼承、分別共有繼承以及分割繼承。

‧公同共有繼承

如果繼承人間有人不願意出面，或根本找不到繼承人辦理繼承時，其他繼承人可以單獨或共同辦理公同共有繼承。但是**公同共有繼承下來之後，繼承人間屬於公同共有關係，非常不利於將來不動產之利用**，正常來說，代書會建議客戶儘量避免辦理公同共有繼承。但我曾遇過一個非常特殊的例子，提供給大家參考。

故事是這樣的，媽媽過世了，遺留了兩筆台北市的建物，其坐落基地市價非常高，爸爸已經不在了，繼承人有三名子女A、B、C，其中B與C打算繼承下來後，將全部建物以及土地賣掉變現分錢，以支持家族的公司營運，可是大哥A不同意，不願配合辦理繼承，B與C好話說盡，壞話也幾乎脫口而出，溝通許久未果，B便跑來問我該如何處理？一開始，我還是建議先按應繼分分別共有繼承下來後，再依土地法第三十四條之一多數決來將整塊地賣掉，但B告訴我大哥A連便章都不願提供，而且大哥A已經先放話，就算繼承下來，大哥A要馬上將他的應有部分設定預告登記，小弟B擔心大哥A將他自己的應有部分設定預告登記後，恐怕更不利於將來出售，忽然間，我靈機一動、靈光乍現，我建議當事人改按公同共有繼承下來，如此一來，不用大哥A的任何文件一樣可以辦理繼承，且繼承下來後除非經全體公同共有人同意，否則任一其中共有人都不能單獨處分自己的部分，所以，繼承下來之後不用擔心大哥A把他的應有部分設定預告登記，然後小弟B與C再依土地法第三十四條之一將整筆不動產賣出變現，當然該補償大哥A的還是必須依法提存，該給人家的不能少、也不會少。

一般來說，代書在辦理繼承業務時，總是能避免公同共有就儘量避免，以免日後造成土地利用上的困難，但這案例卻必須巧妙的利用公同共有來防止共有人設定預告登記，妨礙土地利用，法條與登記規則如何運用，真的很考驗代書跟當事人的智慧。

- **分別共有繼承**

如果找得到所有繼承人，繼承人也都願意辦理繼承，可以申請按應繼分分別共有繼承。繼承下來之後，各繼承人可以單獨處分自己的應有部分，不受其他繼承人或共有人之約束。按應繼分分別共有繼承，各繼承人都是依民法規定的應繼分去做分配，對繼承人來說是最公平的，而且繼承下來之後，各繼承人又可以自由處分自己的應有部分，在實務上又不至於太過妨礙土地利用，所以，**如果繼承人之間沒有特別協調怎麼分配遺產時，按應繼分分別共有繼承是最好的方式**。另外，值得一提的是，如果一開始已經辦理公同共有繼承之後，在將來如果符合分別共有繼承條件，是可以回頭重新辦理分別共有繼承的。

• 分割繼承

如果繼承人之間已經商量好不動產如何分配，且未按應繼分繼承時，可以申請分割繼承。舉例來說，如果繼承人有ABC三位兄弟姐妹，三兄妹說好不動產全部由大哥A繼承，那麼只要三人都同意，就可以辦理分割繼承。分割繼承時，沒有分到不動產的繼承人不用辦理拋棄繼承，因分割繼承是指遺產之中的不動產分配由繼承人自由分配，未分配到的繼承人對於被繼承人其他遺產還是有繼承權利，跟拋棄繼承是不一樣的喔！

分割繼承的好處就是，因為辦理繼承不會有契稅與土地增值稅，所以，如果一開始就確定遺產如何分配，直接分割繼承可避免日後再移轉的麻煩程序與費用，甚至房地合一稅的差別也非常大，所以，我非常建議如果遺產可以事先分配好，直接辦理分割繼承會是最好的選擇。

如何辦理繼承登記？

當治喪事宜處理告一段落後，必須趕緊收拾心情，因為緊接著要面對繼承遺產的繁瑣程序。為方便解說，以下都以民眾自行申辦繼承為基礎來說明之。

要辦理繼承，第一步就是要準備資料，最最最基本的就是帶著身分證與印章先前往戶政事務所申調被繼承人的除戶戶籍謄本。除戶戶籍謄本最好調三至五份，因為很多地方都會用得到，備而無患。再來，便是前往被繼承人死亡時戶籍所在地的國稅局，申調被繼承人死亡時的遺產清單與相關資料，然後再拿著遺產清單與除戶謄本回到戶政事務所申請所有繼承人的戶籍謄本。先不要打我！我不是故意叫你們戶政、國稅局、戶政來回跑，是因為在戶政事務所本人只能調閱自己與直系親屬的戶籍資料，也就是說如果繼承人是兄弟姊妹等旁親，而你沒有辦法佐證是為了要辦理遺產繼承，戶政是不會讓你調閱兄弟姊妹的戶籍謄本的，而要佐證你是為了幫大家辦理繼承最直接的文件，就是剛從國稅局拿回來的遺產清單，而且遺產清單上要有遺產喔，這樣戶政事務所承辦人員才會認同你是為了大家的權益，幫大家辦理繼承，而讓你調閱其他繼承人的戶籍謄本。取得遺產清單與全部繼承人的戶籍謄本後，就可以準備申報遺產稅了。

申報時，如果本身有自然人憑證，便可以直接從網路下載遺產稅申報軟體，直接在網路上申報，如果沒有自然人憑證，一樣先在網路上下載空白申報書，然後用紙本申報。兩者差別就是如果用自然人憑證直接網路上申報，大部分的遺產資料電腦會自動帶進去，可以省去很多登打的時間，紙本申報就是所有資料要自己登打。申報書內容其實不難，國稅局也都有申報書範例說明，要注意的是遺產可減除的扣除額或免稅額，一定要重複確認或核對，如果系統沒帶到，而自己也沒列舉，很可能白白多繳遺產稅，國稅局是不會幫你自動扣除的喔！申報資料內容包含了繼承系統表，繼承系統表在之後地政事務所辦理過戶時會用得到，記得備份。另外，遺產稅記得要在被繼承人死亡日起六個月內，向被繼承人死亡時戶籍所在地的國稅局申報，超過期限會被罰錢喔。但也儘量避免被繼承人死亡隔天就迫不及待準備好資料要送國稅局，以免讓人家以為你等這一天已經等很久了⋯⋯。遺產價值認定遺贈稅法都有相關規定，原則上就是被繼承人死亡當時之價格，最常見的房子以及土地是依公告現值計算，現金、股票、外幣等都以死亡時當天價格為準。而依遺產以及贈與稅法第十八條規定：被繼承人如為經常居住中華民國境內之中華民國國民，自遺產總額中減除免稅額一千三百三十三萬元；其為軍警公教人員因執行職務死亡者，加倍計算。所以每一位被繼承人，最基本都可以從遺產總額中扣除一千三百三十三萬元。

依遺產以及贈與稅法第十七條第一項、第十七條之一第一項規定，下列各款應自遺產總額中扣除，免徵遺產稅：

1. 被繼承人遺有配偶者，自遺產總額中扣除四百九十三萬元。
2. 繼承人為直系血親卑親屬者，每人得自遺產總額中扣除五十萬元。其有未滿二十歲者，並得按其年齡距屆滿二十歲之年數，每年加扣五十萬元。但親等近者拋棄繼承由次親等卑親屬繼承者，扣除之數額以拋棄繼承前原得扣除之數額為限。

代位繼承的繼承人不管有幾位，可以扣除的總額是依被代位繼承人可扣除的總額為限。

3. 被繼承人遺有父母者，每人得自遺產總額中扣除一百二十三萬元。

4. 第一款至第三款所定之人如為身心障礙者保護法第三條規定之重度以上身心障礙者，或精神衛生法第五條第二項規定之病人，每人得再加扣六百一十八萬元。

5. 被繼承人遺有受其扶養之兄弟姊妹、祖父母者，每人得自遺產總額中扣除五十萬元；其兄弟姊妹中有未滿二十歲者，並得按其年齡距屆滿二十歲之年數，每年加扣五十萬元。

遺產中作農業使用之農業用地及其地上農作物，由繼承人或受遺贈人承受者，扣除其土地及地上農作物價值之全數。承受人自承受之日起五年內，未將該土地繼續作農業使用且未在有關機關所令期限內恢復作農業使用，或雖在有關機關所令期限內已恢復作農業使用而再有未作農業使用情事者，應追繳應納稅賦。但如因該承受人死亡、該承受土地被徵收或依法變更為非農業用地者，不在此限。

要適用這一個項目，需於申報遺產稅時檢附農地農用證明，農地農用證明要向當地公所申請。如果農地上面有任何人造物而提不出合法證明，原則上農地農用證明就不會核發，這點要特別注意。但如果現場是荒地或雜草叢生，坊間有代為種植草木以利農用證明申請的園藝公司可以協助，就由納稅義務人自行衡量斟酌。

6. 被繼承人死亡前六年至九年內，繼承之財產已納遺產稅者，按年遞減扣除八十%、六十%、四十%及二十%。

7. 被繼承人死亡前，依法應納之各項稅捐、罰鍰及罰金。

8. 被繼承人死亡前，未償之債務，具有確實證明者。以房貸最常見，不是以抵押權設定金額為主，須向原貸款銀行申請房貸餘額證明，房貸餘額就是可以扣除的金額。

9. 被繼承人之喪葬費用，以一百二十三萬元計算。

10. 執行遺囑及管理遺產之直接必要費用。

11. 配偶剩餘財產差額分配請求權。

這部分很重要，很容易被忽略。依據民法第一〇三〇條之一第一項規定：「**法定財**

產制關係消滅時，夫或妻現存之婚後財產，扣除婚姻關係存續所負債務後，如有剩餘，其雙方剩餘財產之差額，應平均分配。但下列財產不在此限：一、因繼承或其他無償取得之財產。二、慰撫金。」。舉例來說：夫妻其中一人死亡時，剩下的一人可以主張剩餘財產分配請求，假設先生財產有三百萬，太太有一百二十萬，夫妻兩人財產差額是一百八十萬，這一百八十萬必須平均分配，所以，財產較多的先生要分配差額的一半九十萬給太太，最終結果就是先生二百一十萬，太太也是二百一十萬。以遺產稅申報來說，先生的遺產就可以少掉九十萬，如果雙方財產差額越大，主張剩餘財產差額分配的效益就非常大。但要注意的是，只有結婚後取得的財產才可以主張，而且如果取得原因是繼承或贈與等無償取得，也是不能請求分配的。

應備哪些文件？

遺產稅申報除了需填申報書之外，還必須提出佐證證明申報財產價值認定的由來，例如：房屋以及土地要檢附有當期房屋或土地公告現值的文件，股票要檢附死亡當日的收盤價格證明…等等之類的，遺產越多要準備資料就越複雜，申報起來也是非常累人。

當申報書填好，佐證資料也全部備期時，就可以送國稅局申報遺產稅。如果是網路申報，只要將所有資料都上傳就可以了；如果是紙本申報，就必須將所有文件送往國稅局。如果是免稅額內的簡易案件，國稅局會當場核發遺產稅免稅證明書；如果是需要繳稅，或原本要繳稅但因為列舉扣除額而免稅時，國稅局都會仔細審核然後開出稅單，如果是要繳稅的案件，必須先拿稅單繳稅，繳完後再拿著收據去跟國稅局換遺產稅完稅證明書，之後便可以接著辦理繼承登記。

房屋及土地辦理繼承登記，須向不動產所在地的地政事務所辦理，而申報遺產稅的時候，是在被繼承人死亡時的戶籍所在地，兩者不一樣，別送錯地方了。如果繼承的不動產分別坐落在不同縣市的話，每一個縣市的地政事務所都需要準備一份登記資料，而且不同縣市不能跨區辦理，頂多是幫你收件，然後幫你寄往承辦地政事務所辦理。地政事務所辦理繼承登記時，需準備的資料跟申報遺產稅時差不多，只是多了一些地政事務所專用的公契，但地政事務所審核會比申報遺產稅還嚴格很多。坦白說國稅局最主要還是稅賦部分，只要申報跟審核稅金沒出太大差錯，基本上都可以申報過關，但地政事務所是有關不動產權利的取得或喪失，所以會嚴格很多。我曾遇過申報遺產稅時，繼承系統表我已經把所有繼承人全部都明列上去了，國稅局也申報完成，但在地政事務所辦理繼承登記時，地政事務所通知被繼承人在外面有其他子女，繼承人這些同父異母兄弟通通都有繼承權，所以全部都要附資料補正⋯⋯，這是非常大的一項工程，等於我幾乎所有資料都要重新整理及登打，不幸中的大幸是該案件沒有遺產稅，不然真的沒完沒了。在辦理繼承登記時，如果是公同共有或按應繼分分別共有，都不用附繼承人的印鑑證明，只需要繼承人的便章就可以辦理。但如果是辦理分割繼承，因為有牽涉到各繼承人繼承持份增加或減少，為確定繼承人之間的真意，需檢附所有繼承人的印鑑證明以及分割協議書，而且還需加蓋所有繼承人的印鑑章。如果先人當初的權狀都已遺失或找不到了，於申請繼承登記時要附繼承人的切結書。

繼承登記應備文件如下：

1. 土地登記申請書
2. 登記清冊一份
3. 繼承系統表一份

4. 土地、建物所有權狀正本
5. 被繼承人除戶戶籍資料一份以及全體繼承人現戶戶籍資料各一份
6. 遺產稅繳清證明書或免稅證明書或不計入遺產總額證明書或同意移轉證明書正本以及影本各一份。
7. 申請人身分證正本、印章
8. 代理人身分證正本、印章
9. 欲辦理分割繼承者，請另檢附全體繼承人之印鑑證明及遺產分割協議書正、副本各一份（請完納印花稅）。
印花稅有兩種繳納方式，一種是送繼承登記前要先去稅捐處查有無欠稅，這時可以直接請稅捐處開印花稅稅單，然後拿著稅單去繳納。第二種是去郵局買印花，算好印花稅之後直接將印花貼在分割協議書上。
10. 有拋棄繼承情形者，請另檢附法院准予備查之繼承權拋棄文件正、影本。
11. 遺囑繼承登記：除準備繼承登記所需文件外，應另行檢附遺囑。

遺產稅跟贈與稅一樣，免稅額或扣除額會依物價指數調整，所以在申報前務必上財政部網站查詢公告。

Buying a House

第十三章
不想繼承債務？你可選擇拋棄繼承或限定繼承

吳先生的爸爸在吳先生小的時候就離開了他，在外面跟小三共組家庭。有一天，吳先生收到銀行通知，銀行說爸爸已經死亡，吳先生是爸爸的繼承人，所以爸爸的貸款吳先生有責任要償還。數目不小，吳先生收到通知後很緊張，因為自從爸爸離開他之後就再也沒聯絡了，吳先生根本不知道爸爸的情形，現在收到銀行通知一時慌了手腳，不知如何是好？

陳先生的媽媽前些日子因為意外去世，陳媽媽是個生意人，陳先生知道媽媽有跟銀行貸款，也有跟親朋好友周轉資金，但實際欠債多少，陳先生並不是很清楚，而且其實媽媽生意還不錯，也有賺錢，印象中媽媽好像還有一些鄉下的祖產，陳媽媽走得突然，陳先生很苦惱，怕拋棄繼承後連祖產也沒了，對不起列祖列宗，但又擔心媽媽債務太多，如果將來還不出來怎麼辦？陳先生猶豫不決，不知如何是好？

拋棄繼承與限定繼承有何差異？該如何取捨？

因為臺灣繼承原則是屬於概括繼承，繼承人繼承時是繼承被繼承人全部的財產以及負債，也就是權利跟義務通通繼承。但繼承不一定全都是美好的，被繼承人如果生前有遺留龐大債務，或遺產明顯不足償還負債時，繼承人很有可能不是繼承遺產，而是繼承負債。

所以，有很多繼承人為避免扛下先人的債務會選擇拋棄繼承或限定繼承。所謂拋棄繼承，是指繼承人拋棄繼承的權利，包含被繼承人所有遺產以及負債。而限定繼承的意思是，繼承人僅以繼承而得之遺產償還被繼承人的債務，不足清償時免付償還義務。拋棄繼承和限定繼承最大的不同在於，拋棄繼承是被繼承人的遺產以及債務全部拋棄，而限定繼承是如果遺產大於債務，繼承人還是可以繼承遺產，如果遺產不足清償債務，遺產全部還完後，繼承人也不用拿自己的財產來還，這是兩者最大的差別。

要辦理拋棄繼承最重要的，就是要在知道可以繼承的時候起算三個月內向法院提出

聲請，如果超過三個月就不能辦理了喔，千萬要記住。如果因為親人長期沒聯絡，不知所蹤，或繼承人長年旅居國外，不知被繼承人死亡，而逾期辦理拋棄繼承，就要由繼承人自己提出證明，證明確實於知道可以繼承之時起三個月內提出申請，如果沒辦法證明就會被法院駁回，就沒辦法拋棄喔！

辦理拋棄繼承其實很簡單，只要在時效內向戶籍所在地管轄法院遞出申請狀，繳交一千元規費就可以辦理，需檢附文件如下：

1. 聲明拋棄繼承狀。（聲請人如有數人者，可自行指定一位為共同送達代收人）
2. 各聲明人最新戶籍謄本。（限正本且記事欄勿省略）
3. 被繼承人除戶戶籍謄本。（記事欄勿省略）
4. 完整繼承系統表。（第一至第四個順位繼承人，均須詳載）
5. 拋棄繼承聲明書。（各聲明人均應具名）
6. 聲明人印鑑證明書。（各聲明人均須向戶政事務所申請一份，滿七歲之未成年人亦須申請，且須與聲請狀上之印文相符）

7. 通知因聲明人拋棄繼承而得為繼承之人證明書。（即通知之存證信函、回執以及被通知人之戶籍謄本）

8. 聲請費用新臺幣一千元。

拋棄繼承事件，由繼承開始時被繼承人住所地之法院管轄。拋棄繼承有些地方須注意，首先繼承不能預先拋棄，因為繼承是從被繼承人死亡那一刻才發生，在繼承事實還沒發生前，繼承人根本都還沒有繼承的權利，既然沒有繼承的權利又要如何拋棄權利，所以，要拋棄繼承必定是繼承發生後才能拋棄。而**老一輩的老人家可能會有傳子不傳女的壞習慣，甚至會要求嫁出去的女兒預先申明或切結拋棄繼承娘家財產，這些申明以及切結都是無效的**。但有法律規定幾種情形是會依法喪失繼承權的：

1. 故意致被繼承人或應繼承人於死或雖未致死因而受刑之宣告者。
   這種情況下喪失繼承權是沒有辦法回復的，稱為絕對喪失繼承權。
2. 以詐欺或脅迫使被繼承人為關於繼承之遺囑，或使其撤回或變更之者。如經被繼承人宥恕者，其繼承權不喪失。

3. 以詐欺或脅迫妨害被繼承人為關於繼承之遺囑，或妨害其撤回或變更之者。如經被繼承人宥恕者，其繼承權不喪失。

4. 偽造、變造、隱匿或湮滅被繼承人關於繼承之遺囑者。如經被繼承人宥恕者，其繼承權不喪失。

第二點到第四點，如果被繼承人認為繼承人有教化的可能，經被繼承人原諒後可以回復繼承權，稱為相對喪失繼承權。

5. 對於被繼承人有重大之虐待或侮辱情事，經被繼承人表示其不得繼承者。這種因為被繼承人忍無可忍、無須再忍的情況下，由被繼承人表示不能繼承者，稱為表示喪失繼承權。

繼承人一旦主張拋棄繼承，且已完成手續，法院准予備查時，是不能撤銷拋棄繼承、要求回復繼承權的。實務上，我在接到拋棄繼承案件時，會先前往國稅局調閱被繼承人的遺產清單，確認被繼承人有無遺產，然後再確定繼承人是否真的要拋棄。因為我真的有聽過案例，繼承人在完成拋棄繼承後，才發現原來被繼承人有遺產，想回復繼承權卻已無任何方法，人世間最悲傷的就是明明屬於自己的東西，卻因為自己的疏忽而飛了。

通常被繼承人的遺產都有資料可以調閱，但是被繼承人的負債有時候難以發現。一般比較可以確認的方式是去調閱被繼承人的聯合徵信紀錄，可以看出一些端倪跟蛛絲馬跡，但是如果被繼承人同時遺有財產跟負債時，我會比較建議客戶辦理限定繼承。辦理限定繼承一樣可以繼承遺產，就算被繼承人留有債務，也只需要用遺產來償還就可以，對繼承人而言，我覺得是最保險的方式。而且只要繼承人中之一人辦理限定繼承，效力及於其他繼承人，不用像拋棄繼承一樣，要繼承人個別主張，一個一個分別辦理，相對來說，更省時省力。

而關於限定繼承的部分，雖然在民國九十八年的時候，民法已修正臺灣繼承制度，改為全面繼承有限責任，但不代表繼承人可以完全不用理會被繼承人的債務。如果被繼承人的債權人有上門追討債務，但繼承人未依比例清償，而導致其他債權人權益受損的話，超過遺產的債務繼承人還是必須以自己的財產來償還，所以，最好在被繼承人死亡後三個月內，或是如果有債權人已經上門追討債務時，就要先向法院陳報遺產清冊，法院受理後會依照公示催告程序，公告至少三個月以上的時間，由債權人來主張被繼承人的債務，然後再依遺產總額按比例清償被繼承人債務。如果遺產還有剩，一樣可以由繼承人繼承。但有幾種情形，繼承人不受限定繼承的保護：

1. 隱匿遺產情節重大。
2. 在遺產清冊為虛偽之記載情節重大。
3. 意圖詐害被繼承人之債權人之權利而為遺產之處分。

關於拋棄繼承以及限定繼承，將舉例說明，讓大家可以更加明白之間的差異：

假設被繼承人遺有財產一千萬，但同時有債務八百萬，如果辦理拋棄繼承的話，遺產一千萬以及八百萬會同時拋棄，即使日後發現還有其他債務，也不必再負責，相對的，如果發現還有其他遺產，也不能再主張繼承。如果是限定繼承的話，以遺產一千萬償還債務八百萬後，繼承人還可以繼承兩百萬遺產。但如果繼承人沒有向法院陳報遺產清冊、辦理限定繼承，而已先行償還八百萬元債務，日後萬一還有其他債務人主張四百萬債務，除了遺產須全部償還外，繼承人還得拿出兩百萬來償還債務人。債務人可以向繼承人全體中任何一人請求償還全部債務，而如果繼承人中之一人代表全體繼承人將債務全部還清了，這位繼承人可以向其他繼承人請求各自應負擔的部分，以保障自己的權益。

別以為「拋棄繼承」就不用幫忙還債

關於繼承還有一種狀況要特別說明；我曾經承辦過一個拋棄繼承案件，一對母子在父親過世後透過網路找上我，表明父親生前債務眾多，也沒有任何遺產，所以請我幫忙辦理拋棄繼承。我調閱被繼承人遺產清單確認沒有任何遺產後，便向法院遞狀聲請，但因為繼承人中有一位未滿二十歲，所以，在辦理拋棄時手續以及應附文件比一般拋棄繼承還多了一些。雖然有些插曲，卻也順利取得法院許可。就在結案過了幾個月後，兒子突然打電話給我，他說：「許代書，請問一下，我們不是辦理拋棄繼承了嗎？為什麼媽媽還會接到銀行通知要償還爸爸當初的借款？」起初我也覺得很納悶，在瞭解詳情後，才發現原來當初爸爸借款的時候媽媽是保證人，就算爸爸已死亡，但因為當初借款的時候爸爸媽媽之間是連帶債務關係，銀行可以對任何一位連帶債務人請求償還全部債務。

所以，就算爸爸死亡，不代表連帶債務關係會消失，銀行還是可以跟媽媽請求償還債務。現實是非常殘酷的，當初爸爸以信用來借款，並將款項拿去投資股票，殊不知股海翻騰、起起落落，哪是散戶所能掌握的，輸了精光後人間蒸發，再一次收到消息時，是警察通知認屍。母子以為爸爸死亡後就可以不必償還當初爸爸的借款，但忘了媽媽是爸爸的保證人⋯，該來的躲不掉，逃避不一定躲得過，面對不一定最難受，只能希望兩母子勇敢並堅強的面對。

表：拋棄繼承與限定繼承比較

	效果	規費	申請人	辦理時效	辦理時機
拋棄繼承	被繼承人之財產及負債全部拋棄	新臺幣一千元	欲拋棄之繼承人需個別聲請	於知悉其得繼承之時起三個月內。	債務大於遺產
限定繼承	僅以被繼承人之遺產償還債務	新臺幣一千元	繼承人中之一人聲請即可	於知悉其得繼承之時起三個月內。	遺產大於債務或不清楚債務數額

資料來源：作者整理

第十四章 避免爭產大戰，超前部署預立遺囑

一次我在事務所加班，大約晚上七點多，有一位年紀大約三十幾歲的年輕人來諮詢。雖然他是來諮詢的，但態度其實不太客氣，一開頭就說他家人故意給他「衝康」，明明他老爸躺在病床時答應要把大部分的遺產留給他，結果老爸走了之後，家人竟然拿著老爸的遺囑把財產分掉了，害他只拿到一點點。他義憤填膺、怒火中燒，非常不服氣的問我說：「我去你媽的，你們做代書的可以不經過兒子的同意就拿著遺囑把財產過掉嗎？搞屁啊！你知道我認識XXX嗎？我不是沒有錢，只是他們亂搞，我覺得很生氣。我不缺錢，但我也不想便宜他們，他們留那一點點給我，是當我乞丐來分的嗎？我不希罕那筆錢，我是看不下去他們亂搞，我要討個公道⋯。」我其實很清楚他的表達，他的意思是說；「我說我不缺

錢是因我有老爸的遺產，結果他們不讓我繼承遺產，害我現在缺錢了，可怒也！」這種客戶諮詢我不會花太多時間跟心力去應付他，想也知道他老爸早就看出自己兒子的能耐。如果真的把大部分遺產留給兒子，不出幾年絕對敗光光，而利用遺囑的方式提前將資產做分配，是個非常聰明的方式，也是老爸對兒子最後的安排。但兒子如此不知長進，也不知檢討，森七七的對我這個局外人發飆，我也懶得超渡或感化他，應付兩句就送客了，繼續加我的班。

遺囑要怎麼立才有效？

早年臺灣民俗風情對於死亡這件事十分忌諱，子女如果輕易提起身後事的安排，容易引起老人家不悅，就連保險觀念都不太容易讓老人家接受，更何況是直接提到身後事的遺囑。但漸漸的民風日趨開放，對於身後事的安排，老人家們也開始不避諱討論，再加上超前部署觀念流行，預立遺囑這件事也越來越常見。

遺囑依民法規定成立的方式有下列幾種，只要符合其中一種都是有效的遺囑。

・自書遺囑

自書遺囑者，應自書遺囑全文，記明年、月、日，並親自簽名；如有增減、塗改，應註明增減、塗改之處所及字數，另行簽名。

這是最方便、也最省錢的方式，沒有規定格式，只要自己寫一寫，記明日期，簽名蓋章就可以了，但不能用電腦打字，避免日後爭議，一定要親筆書寫喔！

・公證遺囑

公證遺囑，應指定二人以上之見證人，在公證人前口述遺囑意旨，由公證人筆記、宣讀、講解，經遺囑人認可後，記明年、月、日，由公證人、見證人以及遺囑人同行簽名。遺囑人不能簽名者，由公證人將其事由記明，使按指印代之。

前項所定公證人之職務，在無公證人之地，得由法院書記官行之，僑民在中華民國領事駐在地為遺囑時，得由領事行之。

一般大眾認為，最慎重、最沒有爭議的方式，除了法院可以公證之外，坊間也有很多民間公證人可以辦理公證遺囑，當然公證人會有公證人的費用，而民間公證人公證的效力跟法院公證的效力是一樣的。

• 密封遺囑

密封遺囑，應於遺囑上簽名後，將其密封，於封縫處簽名，指定二人以上之見證人，向公證人提出，陳述其為自己之遺囑，如非本人自寫，並陳述繕寫人之姓名、住所，由公證人於封面記明該遺囑提出之年、月、日以及遺囑人所為之陳述，與遺囑人以及見證人同行簽名。

前條第二項之規定，於前項情形準用之。

密封遺囑，不具備前條所定之方式，而具備自書遺囑之方式者，有自書遺囑之效力。

如果想給繼承人一個開寶箱的感覺，可以選擇密封遺囑。如果密封遺囑有步驟錯了，或是有要件沒有完成，密封遺囑不生效力；但如果有具備自書遺囑的要件，適用自書遺囑的效力。

・代筆遺囑

代筆遺囑，由遺囑人指定三人以上之見證人，由遺囑人口述遺囑意旨，使見證人中之一人筆記、宣讀、講解，經遺囑人認可後，記明年、月、日以及代筆人之姓名，由見證人全體及遺囑人同行簽名，遺囑人不能簽名者，應按指印代之。

如果遺囑人身體狀況不好，無法提筆寫字的情況下，可以選擇代筆遺囑。

・口授遺囑

遺囑人因生命危急或其他特殊情形，不能依其他方式為遺囑者，得依下列方式之一為口授遺囑。

1. 由遺囑人指定二人以上之見證人，並口授遺囑意旨，由見證人中之一人，將該遺囑意旨，據實作成筆記，並記明年、月、日，與其他見證人同行簽名
2. 由遺囑人指定二人以上之見證人，並口述遺囑意旨、遺囑人姓名及年、月、日，由見證人全體口述遺囑之為真正及見證人姓名，全部予以錄音，將錄音帶當場密封，並記明年、月、日，由見證人全體在封縫處同行簽名。

口授遺囑，自遺囑人能依其他方式為遺囑之時起，經過三個月而失其效力。

口授遺囑，應由見證人中之一人或利害關係人，於為遺囑人死亡後三個月內，提經親屬會議認定其真偽，對於親屬會議之認定如有異議，得聲請法院判定之。

口授遺囑通常是在緊急時刻，不得已的情況下為之，但如果遺囑人日後能以其他方式立遺囑時，口授遺囑於三個月後自動失效。**口授遺囑第一種是用筆記的方式，但因為通常情況危急，最好還是錄音、錄影為證，避免將來爭議；第二種是錄音方式，錄完後一定要完成密封手續，這是很容易忽略的地方。**

另外民法規定下列之人，不得為遺囑見證人：

1. 未成年人。
2. 受監護或輔助宣告之人。
3. 繼承人及其配偶或其直系血親。
4. 受遺贈人及其配偶或其直系血親。
5. 為公證人或代行公證職務人之同居人助理人或受僱人。

換句話說，只要不是民法規定不得擔任見證人的人，都可以擔任見證人。

遺囑的效力是遺囑人死亡時發生效力，但有下列情形者遺囑無效：

1. 無遺囑能力。
無行為能力人，不得為遺囑。所謂無行為能力人，是指七歲以下的小朋友，無行為能力人所為法律行為無效，但純獲利益者不在此限。限制行為能力人，無須經法定代理人允許，得為遺囑，但未滿十六歲不得為遺囑。

2. 違反法定要式。
就是沒有依照上述五種立遺囑的方式成立遺囑。

3. 違反強制規定、公序良俗。

除了三種情形遺囑無效之外，還有遺囑失效的情形：

1. 口授遺囑，自遺囑人能依其他方式為遺囑之時起，經過三個月而失其效力。
2. 附解除條件之遺囑於遺囑生效前其條件已成就。
3. 受遺贈人喪失受遺贈權。

4. 受遺贈人於遺囑發生效力前死亡。

5. 侵害特留分，於扣減範圍內該部分失效。

你不可不知的權益—特留分

在規劃遺產分配預立遺囑的時候，要特別注意特留分的問題。所謂的特留分，就是法律規定為保護繼承人，避免影響繼承人權益，在立遺囑時要特別為繼承人保留的部分，稱之特留分。各繼承人的特留分規定如下：

1. 直系血親卑親屬之特留分，為其應繼分二分之一。
2. 父母之特留分，為其應繼分二分之一。
3. 配偶之特留分，為其應繼分二分之一。
4. 兄弟姊妹之特留分，為其應繼分三分之一。
5. 祖父母之特留分，為其應繼分三分之一。

有遺囑才會有特留分，如果被繼承人沒有預立遺囑，則是各繼承人按應繼分繼承或

分割繼承，沒有特留分的問題。而就算遺囑人立遺囑時不管是故意，還是不小心忘記考慮特留分問題，整份遺囑還是有效，特留分受侵害的繼承人必須透過法律途徑主張自己的權益。在實務上，代書拿著遺囑去地政機關辦理登記時，登記機關不會特別去審查遺囑內容是否有違反特留分，只要登記內容確實依照遺囑指示，登記機關便會予以登記，而繼承人之間的爭執須由繼承人自己透過法律途徑解決。

另外，如果客戶委託我幫忙擬定遺囑，除了特留分問題之外，我會請客戶指定一位值得信任的親屬或是代書為遺囑執行人。指定遺囑執行人的好處，在於將來被繼承人過世時，繼承人中如果有人不願意配合辦理登記或遺產分配等，遺囑執行人可以依照遺囑內容逕為辦理，不必經過繼承人的同意，可以省去很多不必要的麻煩。

Buying a House

第十五章

親人臥病昏迷，如何代為處理財產？

有一天下午，事務所來了一位諮詢的客戶，這位客戶年約四十歲，講話不太流利，甚至有點笨拙，衣服看起來也有點髒髒的。他有點慌張，並且緩慢吃力的跟我訴說他家裡的狀況，大意是說他跟媽媽兩人相依為命，媽媽身體狀況不好，前些日子住院了，最近病情惡化，目前已陷入昏迷。他自己本身也有輕度智能障礙，媽媽銀行裡有存款以及現金，他們也有自己的房子，但因為媽媽昏迷中，不知道什麼時候會醒過來，甚至會不會醒過來也不知道，龐大的醫藥費以及自己的生活費都在媽媽的帳戶裡，他想把媽媽的定存解約以備不時之需，結果在銀行吃了閉門羹。他緊張的跟社工詢問該如何處理，社工跟他說可以向法院聲請監護宣告，成為媽媽的監護人，如此一來，就可以代替媽媽處理財產，剛好我們事務所就在他家附近，所以找上了我們……。

另外一個案例是我以前承辦過的案件回頭來找我的老客戶，這位老客戶年紀快八十歲了，太太還在，另外還有兩個兒子。其中小兒子因為精神狀況不好，自從當兵退伍後，都住在三軍總醫院的精神科持續治療中。老客戶語重心長地跟我說，他擔心有一天自己走了，老伴管不住小兒子，萬一小兒子有一天出來外面到處亂簽本票或借據，除了害慘自己以外，還會拖累家人，所以，想申請監護宣告，由哥哥來幫他決定如何處理事情。

監護宣告 vs 輔助宣告

以上兩個案例，一個是因為媽媽陷於昏迷無法表達意思，另一個則是小兒子不曉得自己如果跟別人簽契據會有什麼樣的後果。如果申請監護宣告的話，就可以幫受監護之人表達意思，或者也可以保護受監護之人避免受騙。那什麼是監護宣告或輔助宣告呢？

民法第十四條

對於因精神障礙或其他心智缺陷，致不能為意思表示或受意思表示，或不能辨識其意思表示之效果者，法院得因本人、配偶、四親等內之親屬、最近一年有同居事實之其他親屬、檢察官、主管機關、社會福利機構、輔助人、意定監護受任人或其他利害關係人之聲請，為監護之宣告。

受監護之原因消滅時，法院應依前項聲請權人之聲請，撤銷其宣告。

法院對於監護之聲請，認為未達第一項之程度者，得依第十五條之一第一項規定，為輔助之宣告。

受監護之原因消滅，而仍有輔助之必要者，法院得依第十五條之一第一項規定，變更為輔助之宣告。

我們以第一個案例來說，監護宣告完成後，媽媽會成為無行為能力人，兒子則成為媽媽的監護人，如果是為了要支付媽媽的醫藥費等，就可以運用媽媽的財產。但有些情形為保護受監護之人的權益，還是得經過法院許可。民法第一一〇一條對於監護人相關規定如下：

監護人對於受監護人之財產，非為受監護人之利益，不得使用、代為或同意處分。

監護人為下列行為，非經法院許可，不生效力：

1. 代理受監護人購置或處分不動產。

2. 代理受監護人，就供其居住之建築物或其基地出租、供他人使用或終止租賃。

監護人不得以受監護人之財產為投資。但購買公債、國庫券、中央銀行儲蓄券、金融債券、可轉讓定期存單、金融機構承兌匯票或保證商業本票，不在此限。

而**輔助宣告是針對有一些生活可以自理，但對於法律行為的後果又不是那麼清楚的家人，可以由輔助人來幫忙確認合約效力的一種方式**。受輔助宣告之人有點像是剛進入叢林的小白兔，而為了保護受輔助宣告之人，民法第十五之一條規定：

受輔助宣告之人為下列行為時，應經輔助人同意。但純獲法律上利益，或依其年齡及身分、日常生活所必需者，不在此限：

1. 為獨資、合夥營業或為法人之負責人。
2. 為消費借貸、消費寄託、保證、贈與或信託。
3. 為訴訟行為。
4. 為和解、調解、調處或簽訂仲裁契約。
5. 為不動產、船舶、航空器、汽車或其他重要財產之處分、設定負擔、買賣、租賃或借貸。

6. 為遺產分割、遺贈、拋棄繼承權或其他相關權利。

7. 法院依前條聲請權人或輔助人之聲請，所指定之其他行為。

前面所列應經同意之行為，無損害受輔助宣告之人利益之虞，而輔助人仍不為同意時，受輔助宣告之人得逕行聲請法院許可後為之。

以第二個案例來說，小兒子受輔助宣告之後，對於日常生活並沒有什麼影響，還是有基本做決定的權利，但如果牽涉比較重大的法律行為，就必須經過輔助人的同意，否則不生效力。但為避免輔助人權力過大，如果輔助人跟受輔助宣告之人喬不攏，受輔助宣告之人還是可以申請法院准許後，逕行為之。

另外，要申請監護宣告或輔助宣告，不是隨便路邊的阿貓、阿狗都可以的，聲請人規定如下：

1. 本人。
2. 配偶。
3. 四親等內之親屬（即父母、祖父母、子女、孫子女、兄弟姊妹、堂兄弟姊妹等）。

4. 最近一年有共同居住事實之其他親屬。

5. 檢察官。

6. 直轄市、縣（市）政府。

7. 社會福利機構。

在實務上，申請監護宣告或輔助宣告的流程並不難，首先，當然是準備好資料向法院遞狀提出聲請，應備文件如下：

1. 應受監護宣告之人、聲請人、擬擔任監護人、擬擔任會同開具財產清冊人的戶籍謄本各一份。

2. 應受監護宣告之人的醫生診斷證明或殘障手冊影本。

3. 家族會議記錄

4. 親屬系統表

5. 擔任監護人之同意書

6. 會同開具財產清冊人同意擔任之同意書

帶著這些資料前往戶籍所在地的地方法院，繳納規費新臺幣一千元後聲請，然後等待法院通知。如果法院認為文件有欠缺，通常書記官會通知聲請人補件，然後法院會安排時間請醫師會同前往進行精神鑑定，在鑑定之前法院會先通知繳交鑑定費用，鑑定費用繳交完成後，才會進行下一步流程喔。精神鑑定的時候法官大人有時候會親自前往，有時候不會，但原則上書記官以及醫師、還有家屬等都會到。鑑定時間長短也不一定，像第一個案例因為媽媽已經昏迷了，也鑑定不出什麼東西來，所以大約十五分鐘就搞定。但第二個案例受輔助宣告之人是因為精神問題而住院治療，鑑定的時候法官大人就會親自問話，前後問了大約快兩個小時才結束。鑑定完之後就是等醫院的鑑定報告，待鑑定報告送達法院，法官會依鑑定報告做出最後裁決。

比較特別的是，如果法官認為受監護宣告之人情況沒有必要受監護宣告，但已達須受輔助宣告的狀況，可以裁定成受輔助宣告。**在法院裁決監護宣告或輔助宣告時，會先公告一段時間，看有沒有其他人提出異議**，如果沒有，法院就會發一份確定判決書，家屬收到法院判決書後事情還沒完，最後一步就是拿著判決書前往戶政事務所辦理登記，登記完成後，整個流程才算正式結束。

台灣廣廈國際出版集團
Taiwan Mansion International Group

國家圖書館出版品預行編目（CIP）資料

連房仲都說讚！許代書教你從買賣到繼承的房地產大小事：80%的人都不知道的，不吃虧、不受騙的房地產眉眉角角（2023年最新法規增訂版）/ 許哲瑝著；-- 初版. -- 新北市：財經傳訊, 2023.8
面； 公分. --（sense ; 73）
ISBN 978-626-719-733-2

554.89

財經傳訊
TIME & MONEY

連房仲都說讚！

許代書教你從買賣到繼承的房地產大小事：

80%的人都不知道的，不吃虧、不受騙的房地產眉眉角角（2023年最新法規增訂版）

作　　者／許哲瑝
編輯中心／第五編輯室
編 輯 長／方宗廉
封面設計／16 設計有限公司
製版・印刷・裝訂／東豪・靖合・秉成

行企研發中心總監／陳冠蒨
媒體公關組／陳柔彣
綜合業務組／何欣穎
線上學習中心總監／陳冠蒨
數位營運組／顏佑婷
企製開發組／江季珊、張哲剛

發 行 人／江媛珍
法律顧問／第一國際法律事務所 余淑杏律師・北辰著作權事務所 蕭雄淋律師
出　　版／台灣廣廈有聲圖書有限公司
地址：新北市235 中和區中山路二段359 巷7 號2 樓
電話：（886）2-2225-5777・傳真：（886）2-2225-8052

代理印務・全球總經銷／知遠文化事業有限公司
地址：新北市222 深坑區北深路三段155 巷25 號5 樓
電話：（886）2-2664-8800・傳真：（886）2-2664-8801
郵 政 劃 撥／劃撥帳號：18836722
劃撥戶名：知遠文化事業有限公司（※ 單次購書金額未達1000元，請另付70元郵資。）

■ 出版日期：2023年8月
ISBN：978-626-719-733-2
■ 初版4刷：2024年9月